Utilize este código QR para se cadastrar de forma mais rápida:

Ou, se preferir, entre em:
www.moderna.com.br/ac/livroportal
e siga as instruções para ter acesso aos conteúdos exclusivos do
Portal e Livro Digital

CÓDIGO DE ACESSO:
A 00448 BUPMATE1E 2 98569

Faça apenas um cadastro. Ele será válido para:

Organizadora: Editora Moderna

Obra coletiva concebida, desenvolvida e produzida pela Editora Moderna.

Editor Executivo:

Fabio Martins de Leonardo

Acompanha este livro:
- **Envelope com jogos e material de apoio**

NOME: ....

....TURMA: ....

ESCOLA: ....

....

1ª edição

© Editora Moderna, 2018

Carolina Maria Toledo
Licenciada em Matemática pela Universidade de São Paulo. Editora.

Daniela Santo Ambrosio
Licenciada em Matemática pela Universidade de São Paulo. Editora.

Débora Pacheco
Mestre em Educação Matemática pela Pontifícia Universidade Católica de São Paulo. Educadora.

Diana Maia
Mestre em Educação Matemática pela Pontifícia Universidade Católica de São Paulo. Editora.

Luciane Lopes Rodrigues
Licenciada plena em Matemática pela Fundação Santo André. Educadora.

Mara Regina Garcia Gay
Bacharel e licenciada em Matemática pela Pontifícia Universidade Católica de São Paulo. Editora.

Maria Aparecida Costa Bravo
Bacharel e licenciada em Matemática pela Pontifícia Universidade Católica de São Paulo. Editora.

Maria Cecília da Silva Veridiano
Licenciada em Matemática pela Universidade de São Paulo. Editora.

Maria Solange da Silva
Mestre em Educação Matemática pela Universidade Santa Úrsula.

Nara Di Beo
Licenciada em Ciências pela Faculdade de Filosofia, Ciências e Letras "Professor Carlos Pasquale" e especializada em Educação Matemática: Fundamentos Teóricos e Metodológicos pela Pontifícia Universidade Católica de São Paulo. Educadora.

Natasha Sant'Anna
Licenciada em Matemática pela Fundação Santo André. Educadora.

Patricia Furtado
Bacharel e licenciada em Matemática pela Pontifícia Universidade Católica de São Paulo e mestre em Ensino da Matemática pela Pontifícia Universidade Católica de São Paulo. Editora.

Renata Martins Fortes Gonçalves
Bacharel em Matemática com Informática pelo Centro Universitário Fundação Santo André, especializada em Gerenciamento de Projetos (MBA) pela Fundação Getulio Vargas e mestre em Educação Matemática pela Pontifícia Universidade Católica de São Paulo. Editora.

Suzana Laino Candido
Mestre em Ensino da Matemática pela Pontifícia Universidade Católica de São Paulo. Educadora.

Jogo de apresentação das *7 atitudes para a vida*
Gustavo Barreto
Formado em Direito pela Pontifícia Universidade Católica (SP). Pós-graduado em Direito Civil pela mesma instituição. Autor dos jogos de tabuleiro (*boardgames*) para o público infantojuvenil: Aero, Tinco, Dark City e Curupaco.

Coordenação editorial: Marisa Martins Sanchez, Carolina Maria Toledo
Edição de texto: Carolina Maria Toledo, Renata Martins Fortes Gonçalves
Assistência editorial: Kátia Tiemy Sido
Gerência de *design* e produção gráfica: Everson de Paula
Coordenação de produção: Patricia Costa
Suporte administrativo editorial: Maria de Lourdes Rodrigues
Coordenação de *design* e projetos visuais: Marta Cerqueira Leite
Projeto gráfico: Daniel Messias, Daniela Sato, Mariza de Souza Porto
Capa: Daniel Messias, Cristiane Calegaro
  Ilustração: Raul Aguiar
Coordenação de arte: Wilson Gazzoni Agostinho
Edição de arte: Estúdio Anexo
Editoração eletrônica: Estúdio Anexo
Ilustrações de vinhetas: Ana Carolina Orsolin, Daniel Messias
Coordenação de revisão: Elaine C. del Nero
Revisão: Ana Cortazzo, Leandra Trindade, Márcia Leme, Marina Oliveira, Nancy H. Dias, Renata Brabo, Rita de Cássia Gorgati, Sandra G. Cortés, Tatiana Malheiro
Coordenação de pesquisa iconográfica: Luciano Baneza Gabarron
Pesquisa iconográfica: Carol Böck, Maria Marques, Mariana Alencar
Coordenação de *bureau*: Rubens M. Rodrigues
Tratamento de imagens: Joel Aparecido, Luiz Carlos Costa, Marina M. Buzzinaro
Pré-impressão: Alexandre Petreca, Everton L. de Oliveira, Marcio H. Kamoto, Vitória Sousa
Coordenação de produção industrial: Wendell Monteiro
Impressão e acabamento: Gráfica RONA
  Lote 781339
  Cod 12112530

Dados Internacionais de Catalogação na Publicação (CIP)
(Câmara Brasileira do Livro, SP, Brasil)

Buriti Plus Matemática / organizadora Editora Moderna ; obra coletiva concebida, desenvolvida e produzida pela Editora Moderna. — 1. ed. — São Paulo : Moderna, 2018. — (Projeto Buriti)

Obra em 5 v. para alunos do 1º ao 5º ano.

1. Matemática (Ensino fundamental) I. Série.

18-16350   CDD-372.7

Índices para catálogo sistemático:
1. Matemática : Ensino fundamental   372.7

Maria Alice Ferreira – Bibliotecária – CRB-8/7964

ISBN 978-85-16-11253-0 (LA)
ISBN 978-85-16-11254-7 (GR)

Reprodução proibida. Art. 184 do Código Penal e Lei 9.610 de 19 de fevereiro de 1998.
Todos os direitos reservados
EDITORA MODERNA LTDA.
Rua Padre Adelino, 758 – Belenzinho
São Paulo – SP – Brasil – CEP 03303-904
Vendas e Atendimento: Tel. (0_ _11) 2602-5510
Fax (0_ _11) 2790-1501
www.moderna.com.br
2023
Impresso no Brasil

1 3 5 7 9 10 8 6 4 2

Que tal começar o ano conhecendo seu livro?

Veja nas páginas 6 a 9 como ele está organizado.

Nas páginas 10 e 11, você fica sabendo os assuntos que vai estudar.

Neste ano, também vai conhecer e colocar em ação algumas atitudes que ajudarão você a conviver melhor com as pessoas e a solucionar problemas.

7 atitudes para a vida

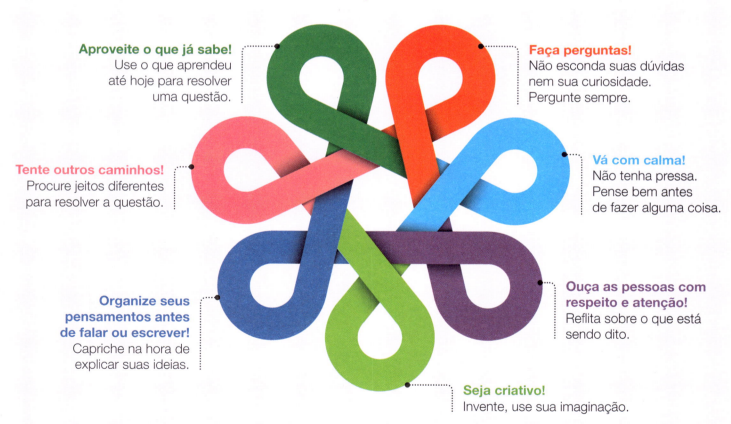

Aproveite o que já sabe!
Use o que aprendeu até hoje para resolver uma questão.

Faça perguntas!
Não esconda suas dúvidas nem sua curiosidade. Pergunte sempre.

Tente outros caminhos!
Procure jeitos diferentes para resolver a questão.

Vá com calma!
Não tenha pressa. Pense bem antes de fazer alguma coisa.

Organize seus pensamentos antes de falar ou escrever!
Capriche na hora de explicar suas ideias.

Ouça as pessoas com respeito e atenção!
Reflita sobre o que está sendo dito.

Seja criativo!
Invente, use sua imaginação.

Nas páginas 4 e 5, há um jogo para você começar a praticar cada uma dessas atitudes. Divirta-se!

três

Guarda-volumes

Seis amigos estão brincando na área de recreação do clube. Antes de brincar, eles guardaram alguns pertences em nichos do guarda-volumes, na entrada dessa área.

Descubra onde cada criança guardou seus pertences!

1. O guarda-volumes está representado na Ficha 1. Destaque os marcadores que estão na Ficha 2 com os pertences das crianças.

2. Os nichos disponíveis para armazenar os pertences das crianças são amarelos.

3. Cada nicho pode armazenar os pertences de apenas uma criança por vez.

4. Leia as dicas dadas pelas crianças.

5. Registre no quadro da página seguinte o número dos nichos de acordo com as dicas.

6. Usando os marcadores em branco da Ficha 2, crie pertences e dicas para armazená-los nos nichos azuis.
Depois, desafie um colega!

Ana: Deixei minha boneca em um nicho com número maior que 40.

Rafael: Meus tênis estão em um nicho com 3 dezenas e 4 unidades.

Caio: Coloquei meu par de tênis azul e vermelho no nicho 25.

Davi: Guardei meu boné em um nicho com número ímpar.

4 quatro

Fique atento a estas atitudes:

Ouça as pessoas com atenção e respeito!
Preste bastante atenção nas orientações do professor e ouça as dúvidas dos colegas. Elas vão ajudá-lo a compreender as regras.

Vá com calma!
Observe bem a dica de cada criança. Tente começar pela mais fácil.

Tente outros caminhos!
Talvez você precise mudar algum pertence de lugar para conseguir encaixar outro.

Organize seus pensamentos!
Leia as dicas de todas as crianças. Depois, preste atenção em uma de cada vez.

Faça perguntas!
Se tiver dúvida sobre as dicas das crianças, pergunte ao professor ou aos colegas.

Aproveite o que já sabe!
Depois de descobrir o nicho em que uma criança guardou algo, será mais fácil encontrar o próximo.

Seja criativo!
Observe com atenção o guarda-volumes ao criar as dicas para ocupar os nichos azuis.

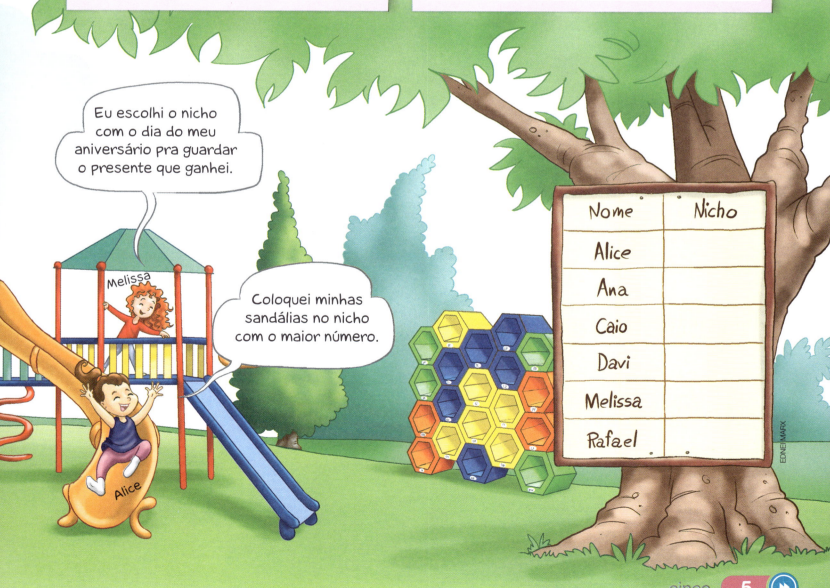

Eu escolhi o nicho com o dia do meu aniversário pra guardar o presente que ganhei.

Coloquei minhas sandálias no nicho com o maior número.

Nome	Nicho
Alice	
Ana	
Caio	
Davi	
Melissa	
Rafael	

cinco 5

Conheça seu livro

Abertura da unidade

Lindas cenas, com personagens e objetos escondidos para você procurar.

"Você vai aprender Matemática brincando!"

Vamos jogar?

Conhecer muitos jogos e saber como jogá-los torna a aprendizagem da Matemática mais fácil e divertida.

"As atividades são muito legais!"

Atividades – Pratique mais

As atividades e os problemas vão levar você a aprender assuntos novos e a aprofundar outros que já estudou. Sua participação é muito importante.

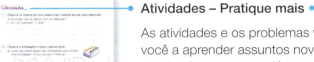

Compreender problemas

Nesta seção, além de resolver problemas, você vai ter a oportunidade de refletir mais sobre a resolução de cada um deles.

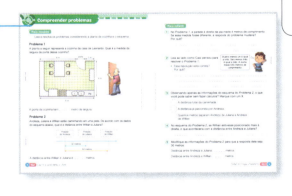

"Você vai refletir sobre a resolução de problemas interessantes!"

ILUSTRAÇÕES: CLAUDIO CHYO

"As informações estão organizadas de diferentes maneiras!"

Compreender informações

Você vai aprender que as informações podem ser representadas de diferentes modos, como em tabelas ou em gráficos.

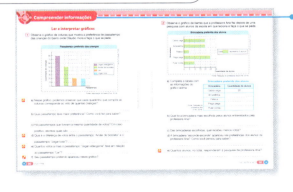

sete 7

A Matemática me ajuda a ser...

Nesta seção, a Matemática vai levar você a refletir sobre assuntos que contribuem para sua formação cidadã.

Vamos aprender bastante com a seção A Matemática me ajuda a ser...

Matemática em textos

Esta seção vai ajudar você a compreender melhor textos com dados matemáticos.

Vamos ler textos diferentes na seção Matemática em textos.

Oba! Vamos ver se aprendemos tudo!

Vai ficar fácil calcular!

Cálculo mental

Para você desenvolver habilidades de cálculo.

O que você aprendeu

Nesta seção, você vai resolver atividades para rever o que estudou e resolver um *Quebra-cuca* desafiador.

ILUSTRAÇÕES: CLAUDIO CHIYO

Material complementar

Para atividades e jogos.

No envelope, você encontra material para os jogos, fichas e adesivos para atividades.

Veja os ícones que orientam os estudos neste livro.

Ícones utilizados

Indicam como realizar algumas atividades:

 Oral   Dupla   Grupo   Caderno   Desenho ou pintura   Material complementar   PARA JOGAR MUITAS VEZES

Indicam estratégias de cálculo:

 Calculadora   Mental

Indica as 7 atitudes para a vida:

Indica objeto digital:

Com este livro, você vai aprender Matemática de um jeito muito legal!

Bons estudos!

nove 9

Sumário

UNIDADE 1 — Localização e movimentação 12

Tema 1 • Localização
- Localizando pessoas e objetos 14
- Vista de cima e planta baixa 15
- Vamos jogar? 18
- Localização na malha quadriculada 20

Tema 2 • Movimentação
- Movimentação na malha quadriculada 21
- Caminhos orientados 23
- Compreender informações 26
- A Matemática me ajuda a ser... 28
- Cálculo mental 29
- O que você aprendeu 30

UNIDADE 2 — Números 32

Tema 1 • Dezenas e centenas
- Dezena 34
- Uma dúzia e meia dúzia 35
- Números na forma ordinal 36
- Mais números 38
- Matemática em textos 42
- Compreender informações 44
- O número 100 46
- Vamos jogar? 48

Tema 2 • Sistema de numeração decimal
- Valor posicional 50
- Antecessor e sucessor 52
- Trocando dinheiro 53
- Reta numérica 55
- Maior que, menor que 56
- Arredondamentos e estimativas 58
- Cálculo mental 59
- O que você aprendeu 60

UNIDADE 3 — Adição e subtração 62

Tema 1 • Adição
- Juntar quantidades 64
- Acrescentar quantidades 66
- Adição com mais de duas parcelas 68
- Algumas estratégias para o cálculo da adição 70
- A Matemática me ajuda a ser... 72

Tema 2 • Subtração
- Tirar uma quantidade de outra 74
- Comparar quantidades 76
- Vamos jogar? 78
- Algumas estratégias para o cálculo da subtração 80
- Adição e subtração com dezenas inteiras 82
- Mais estratégias de cálculo 83
- Sequências 86
- Pratique mais 87
- Compreender problemas 88
- Compreender informações 90
- Cálculo mental 92
- O que você aprendeu 94

UNIDADE 4 — Geometria 96

Tema 1 • Figuras geométricas não planas
- Estudo de superfícies 98
- Cubos, paralelepípedos e pirâmides 100
- Cones, cilindros e esferas 102
- Compreender informações 104
- Semelhanças e diferenças 106

Tema 2 • Figuras geométricas planas
- Características das figuras geométricas planas 107
- Vamos jogar? 110
- Matemática em textos 112
- Pratique mais 114
- Cálculo mental 115
- O que você aprendeu 116

UNIDADE 5 • Multiplicação 118

Tema 1 • Algumas ideias da multiplicação
Situações de multiplicação 120
Registro da multiplicação 124
● A Matemática me ajuda a ser... 126
Tema 2 • Mais multiplicações
2 vezes ou o dobro 128
3 vezes ou o triplo 130
● Vamos jogar? 132
Completando sequências 134
4 vezes 136
5 vezes 138
● Compreender informações 140
● Cálculo mental 142
● O que você aprendeu 144

UNIDADE 6 • Grandezas e medidas 146

Tema 1 • Medidas de comprimento
Unidades não padronizadas 148
O centímetro 149
O metro 150
O milímetro 151
● Compreender problemas 152
Tema 2 • Medidas de massa e de capacidade
O grama e o quilograma 154
O litro e o mililitro 156
Tema 3 • Medidas de tempo
Horas 158
Dias 159
Semanas 160
Meses e anos 161
● Vamos jogar? 162
Tema 4 • Sistema monetário
Cédulas do real 164
● A Matemática me ajuda a ser... 166
● Compreender informações 168
● Pratique mais 170
● Cálculo mental 171
● O que você aprendeu 172

UNIDADE 7 • Operando com números naturais 174

Tema 1 • Adição e subtração
Regularidades 176
Adição com reagrupamento 180
Subtração com reagrupamento 184
Problemas com duas operações 188
Tema 2 • Multiplicação e divisão
Multiplicação 190
Distribuição 192
Quantas vezes cabe 194
Número par ou número ímpar 196
Estratégias e representação da divisão 198
● A Matemática me ajuda a ser... 200
● Compreender informações 202
Metade 204
Terça parte 206
● Vamos jogar? 208
● Compreender problemas 210
● Cálculo mental 212
● O que você aprendeu 214

UNIDADE 8 • Conhecendo as figuras 216

Tema 1 • Figuras geométricas planas
Retângulo e quadrado 218
Triângulo 220
O círculo e a esfera 222
● Compreender problemas 224
Tema 2 • Comparações
Reconhecimento de figuras geométricas planas 226
● Vamos jogar? 228
● Matemática em textos 230
● Compreender informações 232
● Pratique mais 234
● Cálculo mental 237
● O que você aprendeu 238

Para refletir...

- Os amigos de Daniel precisavam dar dicas para que ele acertasse a localização do burro. Quais dicas você daria a Daniel para que ele conseguisse colocar o rabo no burro?

TEMA 1. Localização

Localizando pessoas e objetos

Observe os colegas que estão próximos a você na sala de aula e responda às questões.

a) Quem está sentado à sua frente? _____

b) Quem está sentado atrás de você? _____

c) Quem está sentado à sua direita? _____

d) Quem está sentado à sua esquerda? _____

- Agora, faça um desenho da posição em que você e seus colegas sentados próximos a você estão na sala de aula.

Atividade

Leia as dicas e descubra o nome de cada criança.

Dicas
- Bruno está à esquerda de Pedro.
- André está à esquerda de Bruno.
- Pedro está à direita de Bruno.

_____ _____ _____

14 catorze

Vista de cima e planta baixa

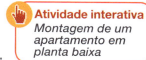

- As imagens dos objetos a seguir podem ser relacionadas. Ligue cada objeto com sua **vista de cima**.

- Agora, observe o quarto de Marcela e, ao lado dele, sua representação em **planta baixa**.

Quarto de Marcela

Planta baixa

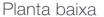
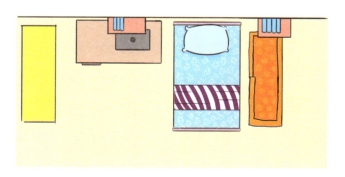

Na planta baixa, estão representados alguns objetos. Cite quatro deles.

___

___

A **planta baixa** (ou simplesmente planta) é um desenho feito com base na vista de cima.

quinze 15

Atividades

1) Observe abaixo a planta de uma casa.

- Agora, faça o que se pede.

a) Marque com um **X** as representações das portas dessa casa.

b) Complete a legenda de acordo com os números apresentados na planta.

1 - Sofá

2 - _____

3 - _____

4 - _____

5 - _____

c) Descreva a localização do banheiro e da cozinha nessa planta.

_____

_____

_____

d) Como você descreveria a localização da geladeira para alguém que está na porta da cozinha?

2 Observe a representação de um parque de diversões.

- Agora, faça o que se pede.

a) Complete a representação desenhando uma roda-gigante entre a piscina de bolinhas e o barco *viking*.

b) Se você estivesse na fila para o tobogã, qual barraca veria à sua direita?

_____

3 Desenhe seu quarto visto de cima e depois coloque legenda em 5 móveis ou objetos que estiverem no desenho.

Legenda

1 - _____

2 - _____

3 - _____

4 - _____

5 - _____

dezessete 17

Vamos jogar?

Achou, ganhou!

PARA JOGAR MUITAS VEZES

Material: Tabuleiro A e cartas da Ficha 3.

Jogadores: 2

> **Dica**
> Monte o envelope da Ficha 4 e guarde as peças para jogar outras vezes.

Regras:

- Os jogadores decidem quem vai iniciar a partida.
- As 30 cartas devem ser embaralhadas e viradas para baixo, formando um monte.
- Cada jogador deve ter em mãos a cena da brinquedoteca.
- O jogador, na sua vez, pega a carta de cima do monte sem deixar que seu adversário a veja, pois este terá de descobrir qual é o brinquedo que está ilustrado na carta. Para isso, ele poderá fazer no máximo 5 perguntas, cujas respostas sejam somente "sim" ou "não". Veja um exemplo:

- O jogador que faz as perguntas pode dizer o nome do brinquedo ou descrevê-lo apenas uma vez para tentar descobrir o que está ilustrado na carta. Se ele acertar o brinquedo, ganha a carta; se errar, é o outro jogador quem fica com a carta.
- O jogo termina quando acabarem as cartas do monte.
- Vence quem ficar com mais cartas no fim do jogo.

Depois de jogar

Observe uma parte da cena da brinquedoteca.

Agora, veja esta situação de jogo.

a) Considerando a resposta de Ana, Tiago poderá descobrir o brinquedo ilustrado na carta dela? Justifique sua resposta.

b) Você vê os pinos com argolas à direita ou à esquerda do leão?

Localização na malha quadriculada

- Considerando as linhas e as colunas da malha quadriculada a seguir, descreva a posição da estrela.

_____
_____
_____

- Escute a descrição dos colegas e discutam sobre as melhores estratégias para fazer essa descrição.

- Agora, observe outra malha quadriculada e descreva a posição do círculo.

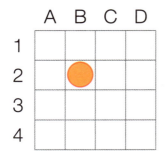

_____
_____
_____

- Converse com os colegas sobre o que facilitou ou o que dificultou essa descrição.

Atividade

Desenhe a planta da sua sala de aula na malha quadriculada abaixo.

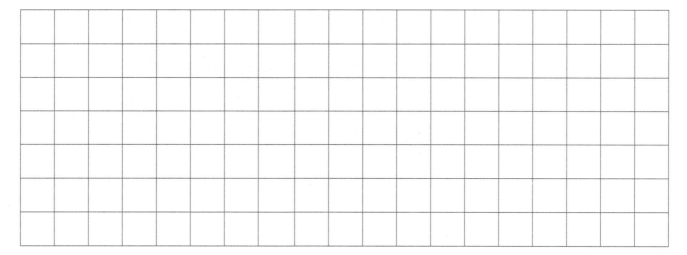

- Agora, descreva a localização da mesa do professor na planta da sala de aula que você desenhou.

Movimentação na malha quadriculada

Vamos ajudar Carolina a chegar em casa? Termine de pintar o percurso indicado pelas setas abaixo.

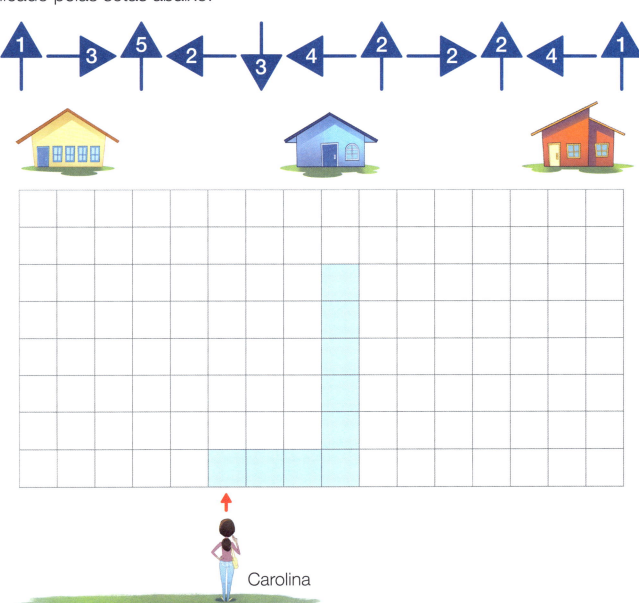

a) A casa de Carolina é aquela em que há uma quantidade maior ou menor de janelas na fachada?

_____

b) Quantas janelas há na fachada da casa de Carolina? _____

Atividades

1 Fábio está perdido no parque. Trace um caminho para que ele consiga sair do parque e depois descreva esse caminho com as setas numeradas.

2 Pinte o caminho que o jogador de camiseta amarela vai percorrer com a bola até chegar ao gol. Para isso, siga as instruções a seguir.

- Como o jogador de camiseta verde pode impedir o gol? Conte a um colega.

Caminhos orientados

- Mariana saiu de casa para comprar pão. Trace dois trajetos que ela pode ter feito para chegar à padaria.

- André saiu de casa, virou à direita, seguiu em frente e entrou na 1ª rua à esquerda. Depois, seguiu em frente e entrou na 1ª rua à direita. Seguiu em frente e entrou na 2ª rua à esquerda. Seguiu em frente e, no meio do quarteirão, entrou no escritório de seu pai, à esquerda. Depois de visitar o escritório de seu pai, André voltou para casa passando pelo ginásio. Trace o caminho que André pode ter feito na volta para casa.

Atividades

1. Descreva o trajeto que Vitória fez para ir do prédio em que mora até o supermercado.

_____

_____

_____

2. Observe o desenho de uma sala de aula.

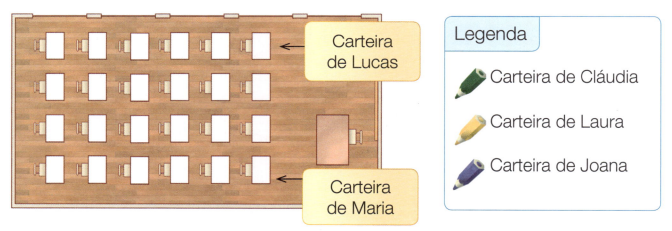

a) Leia as dicas para pintar as carteiras conforme a legenda.

> **Dicas**
> - Cláudia senta na 1ª carteira do lado direito da carteira de Lucas.
> - Laura senta na última carteira da fileira em que Maria se senta.
> - Joana senta na 1ª carteira do lado esquerdo da carteira de Laura.

b) Agora, descreva um caminho que o professor pode fazer para ir da carteira de Cláudia até a carteira de Laura.

3 Trace o trajeto mais curto que Isabel pode percorrer para ir de sua casa à entrada do parque. Em seguida, descreva-o.

 4 Pinte as palavras ou expressões que você pode utilizar para descrever o trajeto da entrada da escola até sua sala de aula.

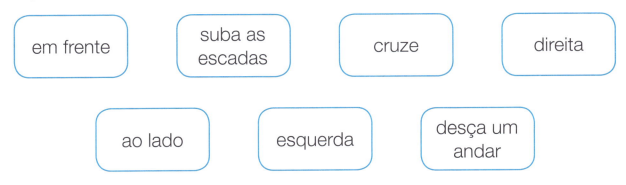

- Agora, escreva outras palavras ou expressões que você utilizaria, além das listadas acima.

_____

_____

5 Faça, no caderno, o desenho da sua sala de aula vista de cima e trace o caminho da porta até o local em que você está sentado hoje.

vinte e cinco **25**

Compreender informações

Classificar resultados de situações de acaso

1. Apolo vai participar de uma gincana. Uma das tarefas é uma corrida cuja saída é da casa em frente ao mercado e a chegada é na padaria, passando pela casa de Lúcia.

   Nessa gincana só é permitido circular pelas ruas coloridas de verde.

 a) Com ✏️ indique um possível trajeto para Apolo fazer.

 b) Com ✏️ indique um possível trajeto para Apolo fazer iniciando pela direita.

c) Marque com um **X** a frase correta sobre o trajeto de Apolo.

☐ É **pouco provável** que Apolo escolha começar o trajeto pela direita.

☐ É **impossível** que Apolo escolha começar o trajeto pela direita.

2 Dentro de uma sacola de pano preto foram colocadas 3 bolinhas vermelhas e 1 bolinha azul.

Todas essas bolinhas têm o mesmo tamanho e são feitas do mesmo material.

- Ao retirar uma bolinha dessa sacola (sem olhar):

  a) que cor de bolinha pode sair? _____

  b) que cor é muito provável de sair? _____

3 Considere que foram colocadas outras 5 bolinhas azuis na sacola de pano da atividade anterior.

a) Desenhe todas as bolinhas que ficaram na sacola.

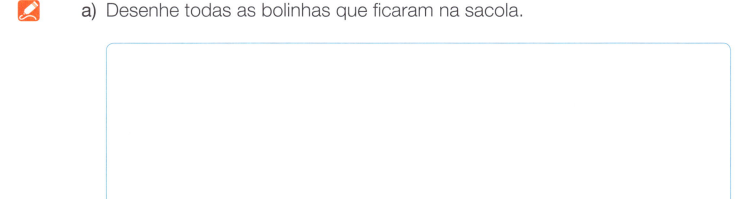

b) E, agora, qual cor de bolinha é muito provável de sair?

_____

4 Imagine que em outra sacola de pano estão 5 bolinhas vermelhas e 80 bolinhas azuis. Ao retirar uma bolinha (sem olhar):

a) Que cor é pouco provável de sair? _____

b) Que cor é impossível de sair? _____

_____

- Explique para um colega como você pensou para responder aos itens **a** e **b** e ouça a explicação dele.

vinte e sete **27**

A Matemática me ajuda a ser...

... uma pessoa que ajuda o próximo

Renata acabou de se mudar para o bairro e hoje foi o primeiro dia dela na escola.

Como era nova no bairro e não sabia onde ficava a papelaria, pediu à Tainá que explicasse o caminho para ela ir à papelaria com sua mãe.

Tainá fez um desenho para ajudar e explicou: ao sair da escola, vocês devem virar à direita e seguir em frente. No final do quarteirão, virem à direita e, logo depois, à direita de novo. A papelaria fica entre o açougue e a farmácia.

Tome nota

1. Quando Renata chegar à Rua da Farmácia, vai observar que a farmácia está à direita ou à esquerda da papelaria? E o açougue: está à esquerda ou à direita da papelaria?

_____

_____

2. Como Tainá se referiu à rua em que fica a papelaria?

_____

Reflita

1. Na sua escola já entrou algum colega que precisou da sua ajuda? Você o ajudou?

2. Você já esteve em uma situação na qual precisou de ajuda? Qual?

Cálculo mental

1. Os livros de uma biblioteca são numerados e colocados em prateleiras. Escreva os números que estão faltando nas etiquetas. Atenção! Os números estão em sequência e aumentam de 1 em 1 unidade.

2. Veja duas maneiras de "saltar" de **0** a **28** na reta numérica.

- Com 2 "saltos" de 10 e 8 "saltos" de 1 unidade para a frente.

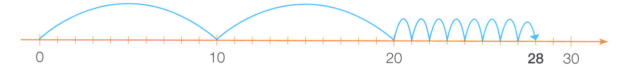

- Com 3 "saltos" de 10 para a frente e 2 "saltos" de 1 unidade para trás.

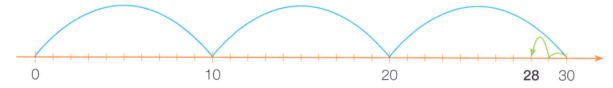

- Agora é sua vez! Dê saltos de **0** a **17** na reta numérica de duas maneiras distintas.

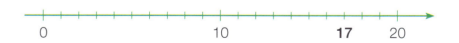

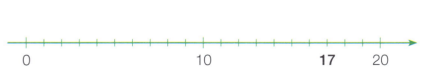

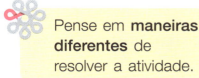

Pense em **maneiras diferentes** de resolver a atividade.

vinte e nove 29

O que você aprendeu

1 Na planta da sala de aula, não foram representados alguns móveis. Verifique quais são os móveis que faltam e desenhe-os.

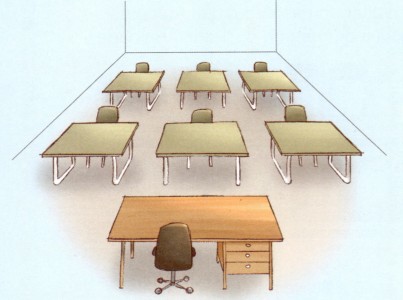

Sala de aula

Planta da sala de aula

2 Descreva um caminho que Mauro pode percorrer para ir da farmácia, na Rua Padre João Maria, até sua casa, na Rua Santa Isabel.

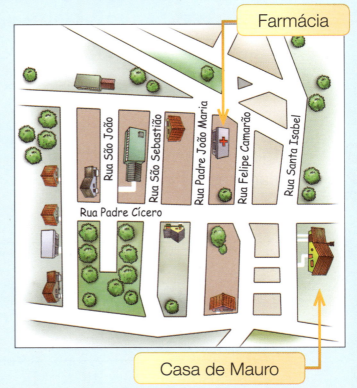

3 Observe como os brinquedos estão organizados nas prateleiras. Depois, escreva como você explicaria a um colega a localização dos patins.

_____

_____

_____

Ana, Enzo, Carlos, Diego e Edna moram em casas vizinhas.

Trace um caminho que leve cada criança até a casa dela. Escolha uma cor diferente para cada caminho. Seja criativo!

Enzo mora na casa central. Edna e Ana têm vizinhos em apenas um dos lados. A casa de Carlos é térrea e tem uma árvore próxima. Diego mora ao lado de Ana.

Ana Enzo Carlos Diego Edna

trinta e um **31**

UNIDADE 2 — Números

Quero aprender a tocar estes 6 instrumentos.

Para começar...

- Descreva a história em quadrinhos contando a um colega o que a menina da primeira cena faz nas demais.

Para refletir...

- Procure e registre os números espalhados pela história.

_____
_____
_____
_____
_____

- Converse com os colegas e o professor sobre o que cada um desses números indica.

TEMA 1. Dezenas e centenas

Dezena

Observe a ilustração e, em seguida, faça o que se pede.

a) Quantos carros estão na fila do pedágio? _____

b) Se outro carro chegar a essa fila, sem que nenhum dos outros saia, quantos carros ficarão? _____

Adição ▶ __9__ + __1__ = _____

> Dez ▶ 10 unidades ou 1 dezena

Atividades

1 Contorne 1 dezena de joaninhas. Depois, complete a frase.

Há _____ dezena de joaninhas mais _____ joaninhas.

2 Em cada caso abaixo, o visor da calculadora mostra um número. Desenhe, em seu caderno, as teclas que você precisaria apertar para o número 10 aparecer em cada visor.

a)    b)

Uma dúzia e meia dúzia

Quantas bananas há em cada bandeja?

Há _____ bananas ou **uma dúzia** de bananas.

Há _____ bananas ou **meia dúzia** de bananas.

| Uma dúzia = 12 unidades | Meia dúzia = 6 unidades |

Atividades

1 Desenhe o que falta para completar uma dúzia de laranjas.

2 Observe ao lado os ovos que tia Célia comprou na feira.

a) Marque com um **X** a quantidade de ovos comprados por tia Célia.

- 1 dúzia ☐
- 2 dúzias ☐
- 1 dúzia e meia ☐

b) Registre, sem usar a palavra **dúzia**, a quantidade de ovos que tia Célia comprou: _____ ovos.

Números na forma ordinal

1º, 2º, 3º, 4º, 5º, ... são exemplos de números que indicam ordem.

Atividades

1 Observe a ilustração e faça o que se pede.

a) Quantos vagões tem o trenzinho? _____

b) Ana está no _____ vagão.

c) Tomás está no _____ vagão.

2 Observe a quantidade de pontos que alguns amigos tiraram em um jogo de dados.

Patrícia	Márcio	Joana	Clóvis
3	2	3	5
1	4	5	4

Aquele que tirou, no total, mais pontos nos dois dados ficou em primeiro lugar. Descubra a colocação de cada um dos amigos nesse jogo.

1º lugar: _____

2º lugar: _____

3º lugar: _____

4º lugar: _____

3 Complete.

Na competição de natação da escola, Pedro estava em 5º lugar até que Henrique o passou e a competição terminou. Então, Pedro

ficou em _____ lugar,

e Henrique, em _____ lugar.

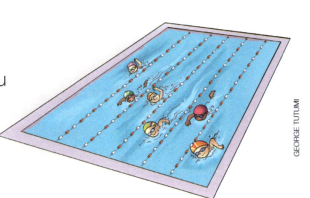

4 Observe a ordem dos carros na fila do pedágio e complete.

O carro laranja é o _____ na fila. Já o carro marrom

é o _____ na fila do pedágio.

trinta e sete 37

Mais números

- Observe que, no Material Dourado, cada ▭ (barra) é formada por 10 ◻ (cubinhos). Depois, complete.

__10__ unidades ou __1__ dezena → dez	__2__ dezenas ou __20__ unidades → vinte
____ dezenas ou __30__ unidades → trinta	____ dezenas ou __40__ unidades → quarenta
____ dezenas ou ____ unidades → cinquenta	____ dezenas ou ____ unidades → sessenta
____ dezenas ou ____ unidades → setenta	____ dezenas ou ____ unidades → oitenta
____ dezenas ou ____ unidades → noventa	

- Viviane quer saber a quantidade de latas de suco de cada sabor.

__1__ dezena e __1__ unidade

__10__ + __1__ = __11__

11
onze

____ dezenas e ____ unidades

__20__ + __3__ = __23__

23
vinte e três

____ dezenas e ____ unidades

____ + ____ = ____

45
quarenta e cinco

____ dezenas e ____ unidades

____ + ____ = ____

67
sessenta e sete

____ dezenas e ____ unidades

____ + ____ = ____

84
oitenta e quatro

Represente esses números usando o Material Dourado das Fichas 5 a 8.

trinta e nove

Atividades

1 Agrupe os peixes de 10 em 10 e complete.

Há _____ dezenas de peixes ou _____ peixes.

2 Vilma comprou 3 dezenas de miçangas verdes e 5 dezenas de miçangas amarelas para fazer colares. Quantas miçangas Vilma comprou ao todo?

Ao todo, ela comprou _____ dezenas de miçangas

ou _____ miçangas.

3 Pinte os cartões de acordo com a legenda.

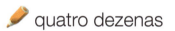 quatro dezenas 　　 duas dezenas

 uma dezena 　　 três dezenas

 nove dezenas 　　 cinco dezenas

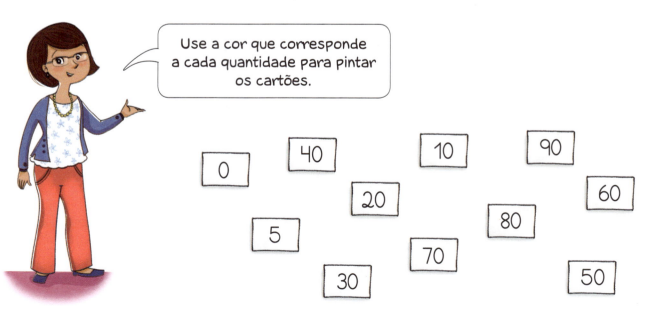

Use a cor que corresponde a cada quantidade para pintar os cartões.

4 Agrupe em dezenas e complete.

Há _____ dezenas e _____ unidades.

_____ + _____ = _____ ▸ São _____ unidades.

5 Cada caixa tem 10 tubos de cola.

Célia comprou 3 dessas caixas e 5 tubos avulsos.

Quantos tubos de cola Célia comprou?

Célia comprou _____ tubos de cola.

6 Complete.

56 ▸ | D | U |
| --- | --- |
| 5 | 6 |
▸ 5 dezenas e 6 unidades

74 ▸ | D | U |
| --- | --- |
| | |
▸ _____

93 ▸ | D | U |
| --- | --- |
| | |
▸ _____

66 ▸ | D | U |
| --- | --- |
| | |
▸ _____

quarenta e um

Matemática em textos

Leia

Querido diário

Data 14/8/2017

Hoje na escola entrou uma menina nova. Ela é "japinha", mas a professora explicou que não é legal dizer isso e ela pode não gostar de ser chamada assim. O nome dela é Janaína Mirwa. Ela disse que Mirwa é um nome japonês que significa bela harmonia.

A Mirwa luta judô! Iraaaaaado!

O professor de esportes disse que o judô é uma arte marcial. E eu jurava que era luta... vou perguntar pra minha mãe a diferença...

Ela ensinou a gente a contar até 10 em japonês e a professora fez até um quadro pra gente não esquecer:

Rafaela Silva, brasileira medalhista de ouro no judô nas Olimpíadas de 2016.

Quero conhecer mais a Janaína, mais sobre o Japão e também sobre o judô!

Os japoneses são tão diferentes dos brasileiros e ao mesmo tempo tão iguais!

Números		Leitura
Indo-arábico	Kanji	
1	一	ichi – Lê-se "iti"
2	二	ni
3	三	san
4	四	shi
5	五	go
6	六	roku – Lê-se "ro", como em **couro**, e não como em **carro**.
7	七	shichi – Lê-se "shiti"
8	八	hachi – Lê-se "ráti"
9	九	ku
10	十	jú

42 quarenta e dois

Responda

1. Você pratica judô ou conhece alguém que pratica? Conte a seus amigos o que você sabe sobre esse esporte.

2. Você conhece alguém que seja japonês ou descendente de japoneses? Qual é o nome dessa(s) pessoa(s)?

_____

Analise

Analise a formação dos números na página anterior e complete o quadro.

Números		Leitura
Indo-arábico	Kanji	
11	十一	jû ichi
12	十二	jû ni
13		jû san
14	十四	
	十五	jû go
16	十六	jû roku
17	十七	
19	十九	jû ku
20	二十	ni jû

Use o que você **já sabe** para escrever estes números.

Aplique

Com um colega, listem alguns itens que vocês conhecem sobre o Japão ou sobre o judô.

_____

_____

_____

quarenta e três

Compreender informações

Organizar dados em listas e tabelas

1 Em janeiro de 2018, Elaine recebeu novos materiais para as aulas de ginástica e quis organizá-los.

a) Primeiro, ela separou os bambolês e as cordas. Depois, contou-os e anotou um traço para cada unidade do material de ginástica contado por ela em uma lista.
Complete a lista de Elaine, conforme a imagem acima.

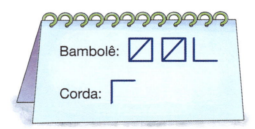

b) Depois, Elaine organizou essas informações em uma tabela. Veja como ela começou a fazer e complete.

Materiais para as aulas de ginástica

Material	Quantidade
⬭	
🪢	

Fonte: Anotações de Elaine (jan. 2018).

2 Em fevereiro de 2018, Luara organizou os livros da brinquedoteca em uma estante. Havia 4 gibis, meia dúzia de livros de passatempo, uma dezena de livros de colorir e 9 livros de recortar.

a) Complete a tabela com a quantidade de cada tipo de livro.

b) Qual era o tipo de livro em maior quantidade?

_____

c) E o tipo de livro em menor quantidade?

_____

d) Quantos livros havia na brinquedoteca no total?

_____

Livros na estante

Tipo de livro	Quantidade
GIBI	4
PASSATEMPO	
LIVRO DE COLORIR	
LIVRO DE RECORTAR	

Fonte: Livros da brinquedoteca (fev. 2018).

3 Pesquise, junto com seus colegas e com o auxílio do professor, o tipo de sobremesa preferido de sua turma.

a) Faça uma lista com a opção de cada um. Depois, organize em uma tabela os dados coletados para mostrar a preferência dos alunos por essas sobremesas.

b) Qual é a sobremesa preferida de sua turma?

_____

Importante

Cada aluno deve escolher uma única opção entre sorvete, chocolate e frutas.

quarenta e cinco **45**

O número 100

Ana convidou 10 amigos para sua festa de aniversário. Então, ela preparou 10 saquinhos com 10 balas cada um para dar aos amigos como lembrança de sua festa. De quantas balas Ana precisou?

10 + 10 + 10 + 10 + 10 + 10 + 10 + 10 + 10 + 10 = __100__

Ana precisou de __cem__ balas ou _____ **centena** de balas.

| 1 centena | = | 10 dezenas | = | 100 unidades |

Atividades

1 Escreva o número que está faltando para completar uma centena.

a) 20 + _____ + 60 = 100

b) 50 + _____ = 100

c) 30 + 50 + _____ = 100

d) _____ + 10 = 100

2 Complete cada sequência de acordo com a regra.

a) Adicionando 1 ▶ | 90 | 91 | | 93 | | | 96 | | | | 100 |

b) Adicionando 2 ▶ | 80 | 82 | | | 90 | | | | | 100 |

c) Adicionando 5 ▶ | 50 | 55 | | 70 | | | 85 | |

d) Adicionando 10 ▶ | 0 | 10 | | | | | 70 | | 90 | |

3 Veja a quantidade de roupas arrecadadas em uma campanha de doação em três dias da semana passada e responda.

Dia da semana	Quantidade
Quinta-feira	30
Sexta-feira	20
Sábado	50

- Quantas peças de roupa foram arrecadadas ao todo nesses três dias?

_____

4 Complete com a quantidade de cédulas ou de moedas necessária para obter 100 reais em cada caso.

a)

b)

c)

d)

5 O visor de uma calculadora indica um número em cada caso. Desenhe as teclas que você deve apertar para aparecer o número 100 em cada visor e depois confira o resultado usando uma calculadora.

a)

b)

Vamos jogar?

100 com 4 cartas

PARA JOGAR MUITAS VEZES

Material: Tabuleiro B e as cartas das Fichas 9 e 10.

Jogadores: 2 a 4.

Regras:

- As cartas são embaralhadas e colocadas viradas para baixo em um monte para compras.

- Distribuem-se 3 cartas para cada jogador, que as deixa viradas para cima, de modo que uns vejam as cartas dos outros.

- Os jogadores decidem quem começará a partida.

- Cada jogador, na sua vez, coloca uma de suas cartas em uma casa do tabuleiro com o objetivo de obter exatamente 100 ao adicionar os números de 4 cartas em uma fileira horizontal, vertical ou diagonal. Depois, retira uma carta do monte para compras e a coloca no lugar da carta que foi utilizada, de modo que sempre fique com 3 cartas à sua frente.

- Quando um jogador conseguir obter 100 adicionando os números de 4 cartas, ele recolherá essas 4 cartas e as guardará ao seu lado.

- Se em uma jogada o participante conseguir obter, ao mesmo tempo, 100 em mais de uma fileira, ele só poderá retirar 4 cartas de uma dessas fileiras.

- O coringa pode ser usado no lugar de qualquer carta.

- Quando não houver mais cartas no monte para compras e um dos jogadores ficar com duas cartas, o jogo acabará.

- Se as 16 casas do tabuleiro estiverem ocupadas, o jogador seguinte poderá tentar obter 100 trocando uma das cartas do tabuleiro por uma de suas cartas. Se nenhum jogador conseguir, o jogo acabará.

- Ganha quem conseguir guardar mais cartas ao fim do jogo.

Depois de jogar

1 Por que não há cartas com o número 80 no jogo?

_____
_____
_____
_____

2 Veja as cartas que estão no tabuleiro e responda à pergunta de Júlia.

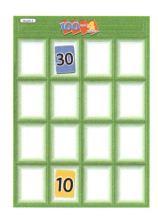

Na fileira das cartas de número 30 e 10, com quais cartas diferentes do coringa é possível completar 100?

_____
_____
_____
_____

3 Observe ao lado a seguinte situação do jogo e responda.

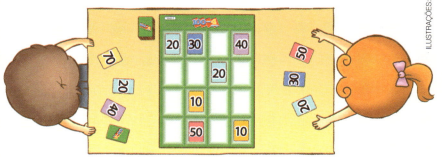

a) Qual dos dois jogadores pode obter 100 nessa jogada, caso seja sua vez? Como?

_____
_____
_____

b) Se fosse a vez do menino, que carta ele deveria ter para obter 100 nessa jogada?

_____
_____
_____

quarenta e nove **49**

TEMA 2 — Sistema de numeração decimal

Valor posicional

Animação
A contagem do rebanho

Você sabia que, com apenas estes dez símbolos, chamados algarismos, podemos representar qualquer número?

0 1 2 3 4 5 6 7 8 9

Veja os exemplos.

> Observe que, dependendo da posição que cada algarismo ocupa no número, ele tem um valor.

- nove

- noventa e três

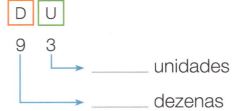

_____ unidades

_____ dezenas

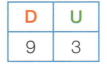

- novecentos e quarenta e seis

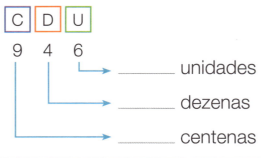

_____ unidades

_____ dezenas

_____ centenas

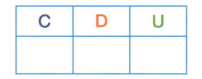

Atividades

1 Complete os espaços com o valor de cada algarismo dos números.

a) 8 7

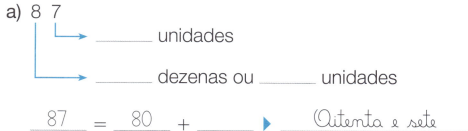

→ _____ unidades

→ _____ dezenas ou _____ unidades

__87__ = __80__ + _____ ▶ _Oitenta e sete_

b) 8 7 0

→ _____ unidade

→ _____ dezenas ou _____ unidades

→ _____ centenas ou _____ unidades

__870__ = _____ + _____ + _____ ▶ _____

c) 8 0 7

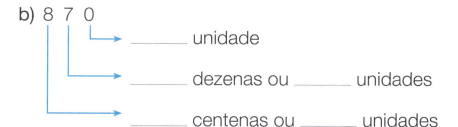

→ _____ unidades

→ _____ dezena ou _____ unidade

→ _____ centenas ou _____ dezenas ou _____ unidades

__807__ = _____ + _____ + _____ ▶ _____

2 Escreva o valor do algarismo 3 em cada número.

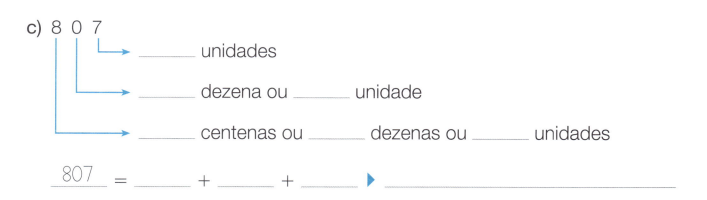

2 0 3 → _____ unidades

2 3 0 → _____ dezenas ou _____ unidades

3 2 0 → _____ centenas ou _____ unidades

 3 Resolva as atividades propostas nos adesivos 1 a 4 da Ficha 33.

cinquenta e um 51

Antecessor e sucessor

As meninas estão na fila da roda-gigante. Elas serão chamadas de acordo com o número que receberam.

Ana será a próxima. Depois de Ana, será a vez de Cida. Em seguida, chamarão Célia.

Ana   Cida   Célia

```
        –1           +1
  23 ←——  24  ——→ 25
Antecessor de 24   Sucessor de 24
```

Podemos dizer também que:

- O número _____ é o **sucessor** do número 23.

- O número _____ é o **antecessor** do número 25.

> Considerando a sequência dos números naturais 0, 1, 2, 3, 4, 5, 6, 7, ..., o antecessor de um número diferente de zero é o número que vem imediatamente **antes** dele e o sucessor de um número é o número que vem imediatamente **depois** dele.

Atividade

Observe o calendário e leia as dicas para descobrir qual é o dia do aniversário de Robson.

Dicas
- Um dia antes de seu aniversário, Robson visitou o aquário municipal.
- O dia anterior à visita ao aquário é 9.

Robson faz aniversário no dia _____.

Trocando dinheiro

Observe as cédulas e as moedas de nosso dinheiro.

- Agora, veja algumas trocas que podemos fazer e complete.

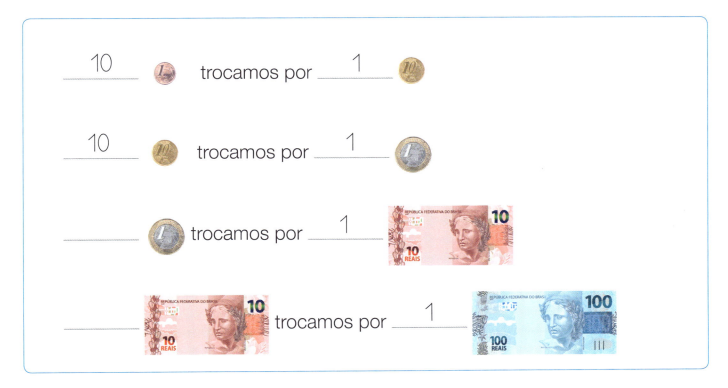

Atividades

1 Marque com um **X** o quadro que tem a maior quantia.

- Destaque as cédulas e moedas das Fichas 11 a 16. Represente a maior quantia usando outras cédulas e moedas. Depois, monte o envelope da Ficha 17 para guardar as cédulas e moedas destacadas.

2 Usando apenas moedas de 1 real e cédulas de 10 e de 100 reais, qual é a menor quantidade de cédulas e de moedas necessária para formar exatamente 432 reais?

_____

_____

3 Observe o dinheiro que Solange tem e a mochila que ela quer comprar. Depois, faça o que se pede.

a) Quantos reais Solange tem? _____

b) Contorne o dinheiro de que Solange precisará para pagar a mochila.

c) Quantos reais sobrarão depois da compra? _____

Reta numérica

- Numere de 10 em 10 as casas desta rua.

- Represente na reta numérica os números das casas do item anterior.

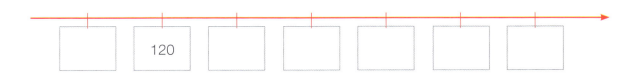

Atividade

1. Usando a reta numérica como auxílio, responda às questões.

   a) Sabrina estava parada diante da casa de número 120.
      Ela andou 5 casas para a direita e depois voltou 3 casas.

      Qual é o número da casa diante da qual Sabrina parou?

   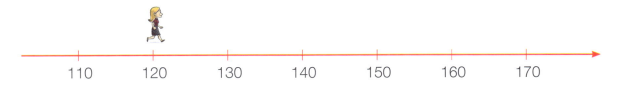

   b) Felipe estava parado diante da casa de número 160. Ele andou 4 casas para a esquerda e depois voltou 5 casas.

      Qual é o número da casa diante da qual Felipe parou?

   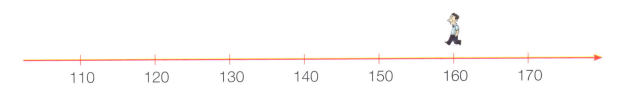

Maior que, menor que

Alice e Rafael gostam muito de ler.

Meu livro tem 129 páginas.

E o meu tem 142 páginas.

Rafael

Alice

Qual livro tem mais páginas: o de Alice ou o de Rafael?

Vamos comparar essas quantidades observando o Material Dourado.

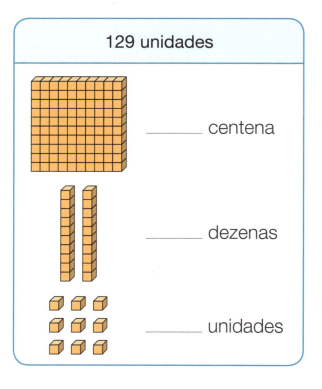

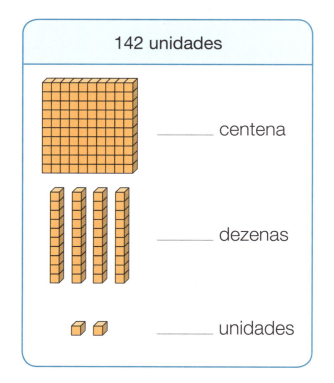

O livro de _____ tem mais páginas.

129 **é menor que** 142

129 < 142

142 **é maior que** 129

142 > 129

Atividades

Atividade interativa — *Números secretos*

1 Complete a reta numérica com os números que estão faltando e, depois, responda às questões.

a) Qual número é maior: 160 ou 140? _____

b) Qual número é menor: 40 ou 140? _____

c) Qual número é maior: 60 ou 160? _____

2 Complete com < (menor que) ou > (maior que).

a) 60 _____ 80

b) 430 _____ 290

c) 654 _____ 656

d) 145 _____ 142

e) 987 _____ 975

f) 98 _____ 123

3 Observe o gráfico com a quantidade de pontos que três equipes de basquete fizeram em um campeonato e responda.

Fonte: Comitê de Organização do Campeonato de 2018.

a) Qual equipe fez a maior quantidade de pontos? Como você chegou a essa conclusão?

_____

_____

b) Quantos pontos a equipe Bons fez? _____

c) Qual equipe fez a menor quantidade de pontos? _____

cinquenta e sete 57

Arredondamentos e estimativas

- Henrique tem aproximadamente 40 reais. Qual destas quantias pode ser a quantia exata de Henrique?

  ☐ 26 reais.   ☐ 39 reais.   ☐ 58 reais.

- Luciane gastou aproximadamente 20 reais na compra de um sanduíche. Qual destas quantias pode ser o preço do sanduíche?

  ☐ 11 reais.   ☐ 21 reais.   ☐ 31 reais.

- Converse com um colega sobre como vocês descobriram as quantias acima.

Atividades

1 Luísa observou o preço dos dois móveis que estava comprando e estimou que pagaria 600 reais. Marque com um **X** os possíveis preços desses móveis.

☐ 180 reais e 930 reais.

☐ 327 reais e 135 reais.

☐ 375 reais e 192 reais.

- Reúna-se com um colega e, juntos, discutam como cada um pensou para responder.

2 Resolva a atividade proposta no adesivo 5 da Ficha 33.

58 cinquenta e oito

Cálculo mental

1 Complete as retas numéricas dando "saltos" de 10.

a)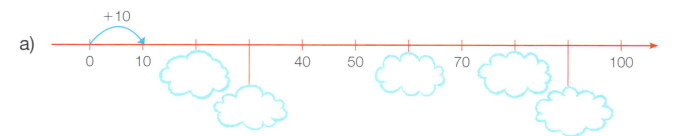

b)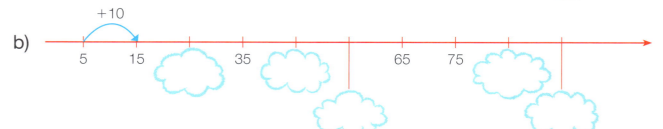

c)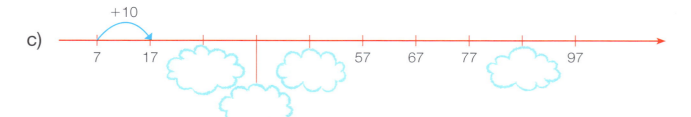

d)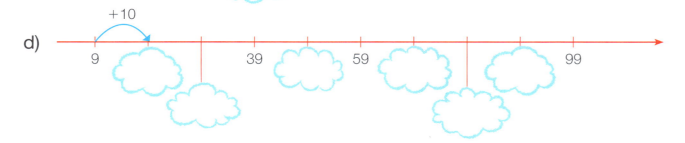

2 Use a reta numérica a seguir para responder às questões.

a) Quantos "saltos" de 10 há entre 30 e 100? _____

b) Quantos "saltos" de 10 há entre 20 e 70? _____

c) Quantos "saltos" de 5 há entre 35 e 95? _____

d) Quantos "saltos" de 5 há entre 15 e 50? _____

O que você aprendeu

Atividade interativa *Números*

1 Em cada caso, registre o número com algarismos e por extenso.

C	D	U
1	2	0

6 centenas, 8 dezenas e 2 unidades

2 Decomponha os números considerando o valor de cada algarismo.

a) 245 = __200__ + __40__ + __5__

b) 168 = _____ + _____ + _____

c) 306 = _____ + _____ + _____

d) 640 = _____ + _____ + _____

e) 587 = _____ + _____ + _____

f) 895 = _____ + _____ + _____

3 Forme todos os números possíveis de 3 algarismos diferentes usando os algarismos 4, 6 e 2. _____

4 Coloque os números nos vagões em ordem crescente.

764   456   34   46   123   237   678

60 sessenta

5) Marque na reta numérica a localização aproximada de cada número.

210   35   128   345   480

- Se você tivesse de arredondar o número 480, arredondaria para 450 ou para 500? Por quê?

6) Responda às questões.

a) Qual é o maior número formado por 3 algarismos iguais? _____

b) Qual é o menor número formado por 3 algarismos iguais? _____

c) Qual é o maior número formado por 3 algarismos diferentes? _____

d) Qual é o menor número formado por 3 algarismos diferentes? _____

Quebra-cuca

Descubra o número da casa de cada criança.

O número da casa onde moro tem 4 dezenas a mais que o número da casa em que Pedro mora.
Luís

O número da casa onde moro tem 2 unidades a menos que o número da casa em que Luís mora.
Márcio

O número da casa onde moro é 3 centenas.
Pedro

sessenta e um

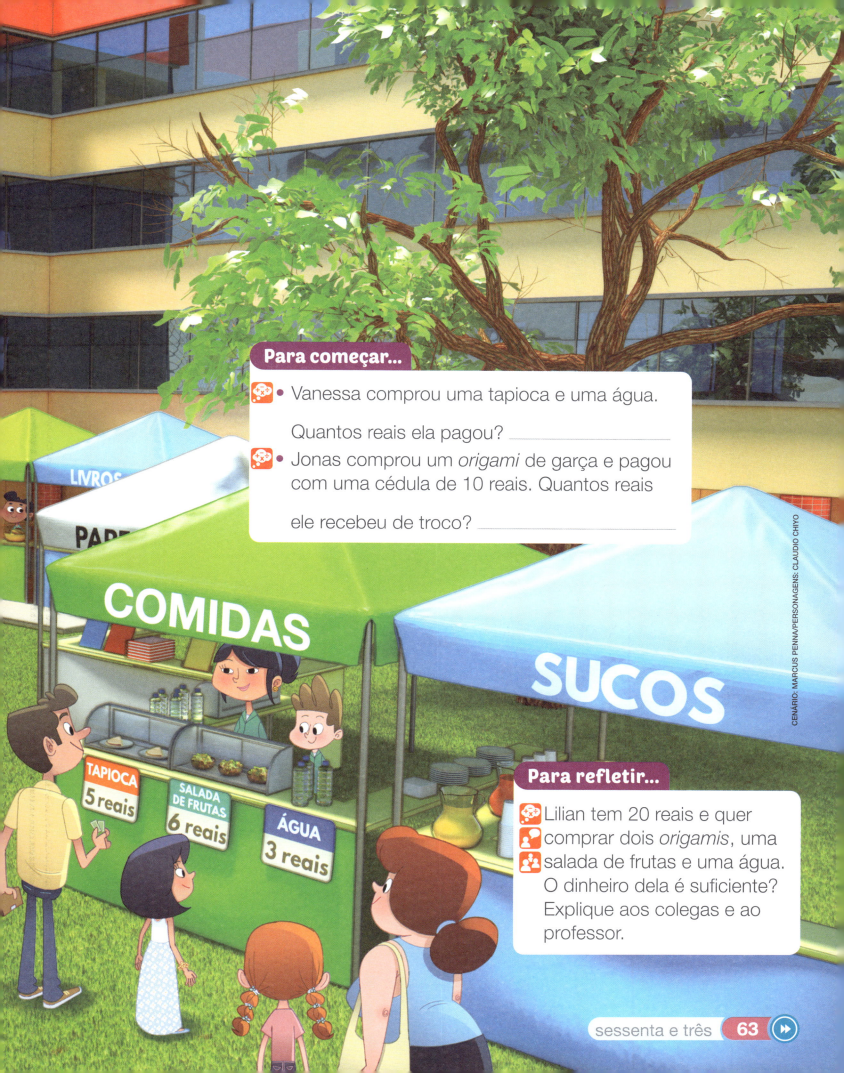

Para começar...

- Vanessa comprou uma tapioca e uma água. Quantos reais ela pagou? _____
- Jonas comprou um *origami* de garça e pagou com uma cédula de 10 reais. Quantos reais ele recebeu de troco? _____

Para refletir...

Lilian tem 20 reais e quer comprar dois *origamis*, uma salada de frutas e uma água. O dinheiro dela é suficiente? Explique aos colegas e ao professor.

TEMA 1. Adição

Juntar quantidades

Carolina tem 5 gibis e Joaquim tem 4. Juntando esses gibis, quantos são no total?

5 mais 4 é igual a _____.

Adição ▶ 5 + 4 = _____

No total, são _____ gibis.

Atividades

1 Veja como Ana e André descobriram a quantidade de peças de roupa penduradas no varal e, em seguida, responda.

Contei 7 camisetas e, depois, mais 5 calças: 8, 9, 10, 11, 12.

Comecei contando 5 calças. Depois, contei mais 7 camisetas: 6, 7, 8, 9, 10, 11, 12.

Quantas peças de roupa há ao todo no varal? _____

2 Observe os carrinhos e caminhões na estante de uma loja e complete.

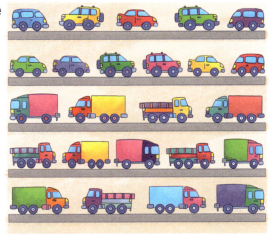

Há _____ carrinhos e _____ caminhões.

Para saber o total de brinquedos na estante, fazemos:

Adição ▶ _____ + _____ = _____

Há _____ brinquedos nessa estante.

3 Alice e Rafael vão juntar o dinheiro que possuem para comprar um presente para sua avó.

Dinheiro de Alice	Dinheiro de Rafael

Alice e Rafael têm juntos _____ reais.

4 Forme grupos de 10 objetos e complete.

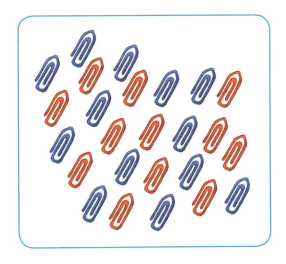

_____ dezenas e _____ unidades.

_____ + _____ = _____

sessenta e cinco **65**

Acrescentar quantidades

Os cachorrinhos gostam de brincar. Complete e descubra quantos filhotes participaram da brincadeira.

Antes

Havia _____ filhotes.

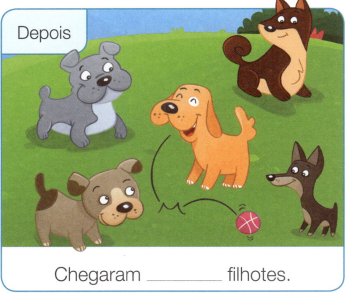

Depois

Chegaram _____ filhotes.

2 mais 3 é igual a _____.

Adição ▶ _____ + _____ = _____

Participaram da brincadeira _____ filhotes.

Atividades

1 Complete.

a) No lago havia 2 patos e chegaram outros 6. Quantos patos há no total?

_____ + _____ = _____

No total, há _____ patos.

b) Lúcio tinha 14 livros e ganhou outros 2. Com quantos livros Lúcio ficou?

_____ + _____ = _____

Lúcio ficou com _____ livros.

2 Renato tinha 6 peixes e ganhou mais 3. Desenhe os peixes e responda.

Peixes que Renato tinha ▶

Peixes que Renato ganhou ▶

- Com quantos peixes Renato ficou?

    Adição ▶ _____ + _____ = _____

    Renato ficou com _____ peixes.

3 Luciana tinha 10 bolinhas de gude e ganhou mais 6. Com quantas bolinhas de gude Luciana ficou?

Luciana ficou com _____ bolinhas de gude.

sessenta e sete

Adição com mais de duas parcelas

Ricardo trabalha em uma lanchonete. Ele serviu 3 sucos em uma mesa, 4 sucos em outra e 2 no balcão. Quantos sucos Ricardo serviu ao todo?

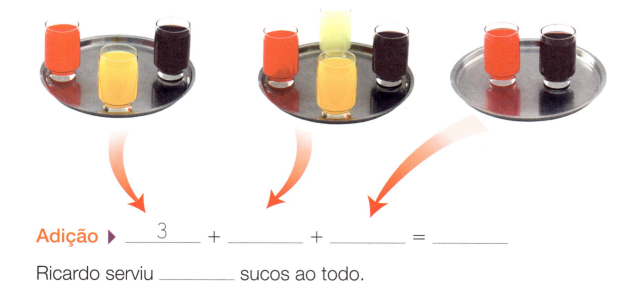

Adição ▶ ___3___ + _____ + _____ = _____

Ricardo serviu _____ sucos ao todo.

Atividades

1. Célia fez um arranjo de flores. Ela usou 6 margaridas, 4 rosas e 8 lírios. Quantas flores ela utilizou no total?

   Adição ▶ _____ + _____ + _____ = _____

No total, Célia utilizou _____ flores.

2. Gustavo tem 2 carrinhos azuis, 5 carrinhos verdes, 6 carrinhos vermelhos e 3 carrinhos amarelos. Quantos carrinhos Gustavo tem ao todo?

Gustavo tem _____ carrinhos ao todo.

3. Daniel e Márcio colocaram fichas em um tabuleiro. Complete os espaços abaixo e descubra quem marcou mais pontos.

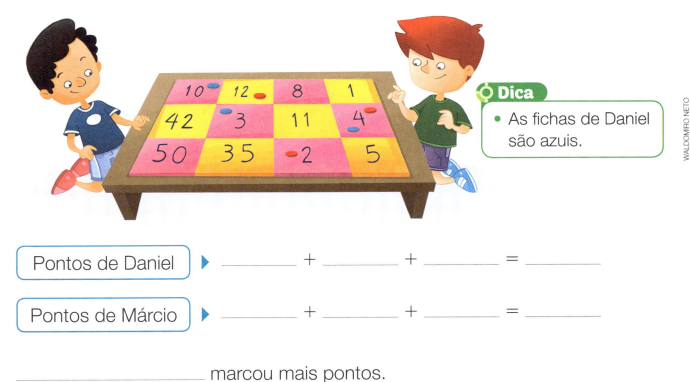

- Dica
  - As fichas de Daniel são azuis.

Pontos de Daniel ▶ _____ + _____ + _____ = _____

Pontos de Márcio ▶ _____ + _____ + _____ = _____

_____ marcou mais pontos.

4. Quantos selos há ao todo nas caixas abaixo?

Ao todo há _____ selos na caixa.

sessenta e nove 69

Algumas estratégias para o cálculo da adição

Américo tem uma pequena criação de aves com 12 patos e 16 galinhas.

Quantas aves Américo tem no total?

Cálculo por decomposição

Ábaco

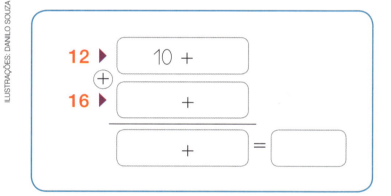

Adição ▶ 12 + 16 = _____

Cálculo com o algoritmo usual

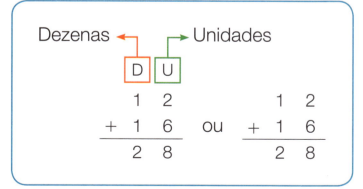

> No algoritmo usual, começamos a adição pelas unidades. Assim: 2 unidades mais 6 unidades são 8 unidades. Depois, adicionamos as dezenas: 1 dezena mais 1 dezena são 2 dezenas.

Américo tem _____ aves no total.

Atividades

1 Ângelo coleciona moedas antigas. Ele tinha 53 moedas em sua coleção e esta semana ganhou outras 26. Quantas moedas Ângelo tem agora?

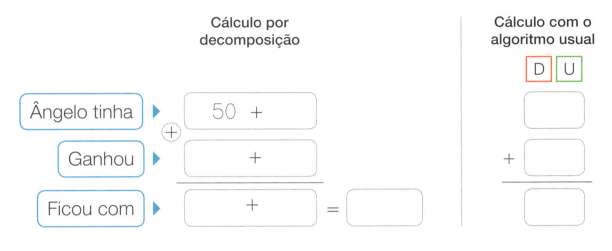

Ângelo tem agora _____ moedas.

2 Calcule o resultado de cada adição.

3 Várias crianças guardaram bolas de tênis em três caixas. Adicionando a quantidade de bolas de duas dessas caixas, o total foi 78. Descubra quais são essas duas caixas e pinte-as.

4 Resolva as atividades propostas nos adesivos 1 a 4 da Ficha 34.

A Matemática me ajuda a ser...

... um passageiro responsável

O uso do cinto de segurança no banco traseiro é tão importante quanto no banco dianteiro

Se os motoristas não respeitam as leis de trânsito, eles são punidos com uma multa e alguns pontos na carteira, de acordo com a gravidade da infração.

Por exemplo, não usar cinto de segurança é considerado uma infração grave e o valor da multa é cobrado por passageiro sem cinto de segurança. Além disso, o condutor do veículo é penalizado com 5 pontos na carteira. Atingindo 20 pontos no período de um ano, ele perde o direito de dirigir até que cumpra o prazo de penalidade e faça o curso de reciclagem.

O uso do cinto de segurança é obrigatório nas estradas e em todas as cidades brasileiras. Essa regra vale para todos os ocupantes de um veículo, com exceção dos ônibus, em percursos em que seja permitido viajar em pé.

Não esqueça que essas regras valem também para quem usa transporte escolar, pois o uso do cinto de segurança é obrigatório para todos os passageiros. Faça a sua parte: ao entrar no veículo, não deixe de colocar o cinto e peça a todos os passageiros que o usem também.

Atenção, crianças, vocês também têm algumas responsabilidades!
- ✓ Permanecer sentado enquanto o veículo estiver em movimento.
- ✓ Afivelar o cinto de segurança durante todo o percurso.
- ✓ Não falar com o motorista enquanto ele estiver dirigindo.
- ✓ Nunca descer do veículo em movimento.

Placa que indica uso obrigatório de cinto de segurança.

Tome nota

1 Quantos pontos na carteira o motorista recebe por não usar o cinto de segurança?

_____

2 Se um motorista tiver 14 pontos na carteira, quantos pontos faltarão para ele perder o direito de dirigir? Justifique.

_____

Reflita

1 Leia os quadrinhos e responda às questões.

TURMA DA MÔNICA — Mauricio de Sousa

a) Você sempre usa o cinto de segurança?

b) A Magali acha que o pai dela está exagerando. E você, o que acha? Explique.

2 Reúna-se com seus colegas e façam um pequeno texto sobre a importância do uso do cinto de segurança.

TEMA 2. Subtração

Tirar uma quantidade de outra

Joaquim tinha 6 balões e deu 2 deles para sua prima. Com quantos balões ele ficou?

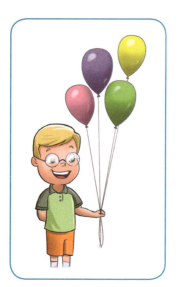

6 balões menos 2 balões é igual a _____ balões.

Subtração ▶ 6 − 2 = _____

Joaquim ficou com _____ balões.

Atividades

1 Em uma fruteira, havia 8 maçãs. Lucas, Maria e Pedro pegaram, cada um, 1 maçã. Quantas maçãs restaram na fruteira?

__8__ menos _____ é igual a _____.

_____ − _____ = _____

Restaram _____ maçãs na fruteira.

2 Observe as cenas e complete as sentenças.

Antes

Depois

Continuaram sentadas à mesa _____ pessoas,

pois __5__ menos _____ é igual a _____.

_____ − __3__ = _____

3 Havia 8 casacos à venda na loja. Tina comprou 2 deles. Quantos casacos ainda estão à venda?

_____ − _____ = _____

Ainda estão à venda _____ casacos.

4 Lucas ganhou 1 cédula de 10 reais de seu tio. Com esse dinheiro, ele vai comprar um livro de 7 reais. Quantos reais Lucas receberá de troco?

Lucas receberá _____ reais de troco.

setenta e cinco 75

Comparar quantidades

Ligue cada pássaro a uma casinha. Mas atenção: em cada casinha só cabe um pássaro!

Agora, responda às questões.

a) Há quantos pássaros a mais que casinhas? _____

b) Há quantas casinhas a menos que pássaros? _____

9 menos 6 é igual a _____.

Subtração ▶ _____ − _____ = _____

Atividades

1. Observe a quantidade de bolinhos em cada bandeja e depois complete.

Na bandeja amarela, há _____ bolinhos a menos que na bandeja vermelha, pois 7 menos 2 é igual a _____.

_____ − _____ = _____

2 Bianca, Renato e Marisa estão jogando dados. Veja os pontos que cada um deles fez.

a) Bianca fez quantos pontos a mais que Renato? _____

b) Marisa fez quantos pontos a menos que Bianca? _____

3 Leia o texto, observe a ilustração e responda.
Beatriz tem 13 reais e quer comprar estas duas revistas.

- O dinheiro que ela tem é suficiente? Por quê? _____
_____

4 Em cada caso, contorne as panquecas que estão a mais na pilha maior. Depois, represente essa quantidade por meio de uma subtração.

setenta e sete 77

Vamos jogar?

Caixa completa

Material: Cartas numeradas das Fichas 18 e 19, lápis e papel.

Jogadores: 4 (em duas duplas).

Regras:

✤ Cada dupla reproduz um quadro *Caixa completa* em uma folha de sulfite.

CAIXA COMPLETA				
6	15	24	5	19

O número do topo desta coluna é o 6.

✤ Os jogadores decidem quem começará o jogo. Todas as 40 cartas devem ser embaralhadas e colocadas em um monte, viradas para baixo.

✤ Cada dupla, na sua vez, vira a carta de cima do monte. Se a dupla achar que o número dessa carta é necessário para tentar obter o número do topo de uma das colunas por meio da adição dos 4 números anotados nessa coluna, ela escreve esse número no quadro. Se a dupla achar que o número da carta não é necessário na sua jogada, ela não será obrigada a usá-lo e passará a vez.

✤ As cartas viradas a cada jogada devem ser descartadas.

✤ A dupla que conseguir completar duas colunas do quadro dirá: *Caixa completa*. O professor, então, confere, dando vitória à dupla, caso o resultado esteja correto.

✤ Se antes disso as cartas do monte acabarem, as cartas descartadas deverão ser reembaralhadas para formar um novo monte e dar continuidade ao jogo.

Depois de jogar

1. O número 40 poderia estar no topo de uma coluna do quadro? Por quê?

_____
_____
_____

2. Leia o que Reinaldo sugeriu fazer em uma jogada.

Vamos escrever o 6 na coluna do 5.

Você considera essa sugestão uma boa ideia? Por quê?

_____
_____

3. Observe ao lado uma situação do jogo.

Qual carta na próxima rodada daria a vitória à dupla que preencheu esse quadro? Justifique sua resposta.

_____
_____

setenta e nove 79

Algumas estratégias para o cálculo da subtração

Carina levou 28 pedaços de bolo para a escola no dia do seu aniversário. Ela deu um pedaço para cada um dos 15 colegas da sua classe. Quantos pedaços sobraram?

Cálculo por decomposição

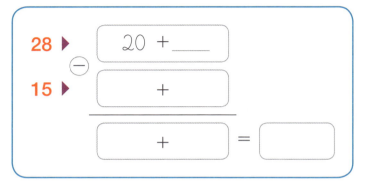

Subtração ▶ 28 − 15 = _____

No algoritmo usual, começamos a subtração pelas unidades, assim:
8 unidades menos 5 unidades são 3 unidades.
E, depois, as dezenas:
2 dezenas menos 1 dezena é 1 dezena.

Cálculo com o algoritmo usual

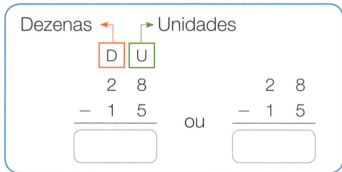

Sobraram _____ pedaços.

Atividades

1 Hoje, um carteiro deve entregar 37 cartas. Se ele já entregou 14, quantas cartas faltam para ele entregar?

_____

Cálculo por decomposição

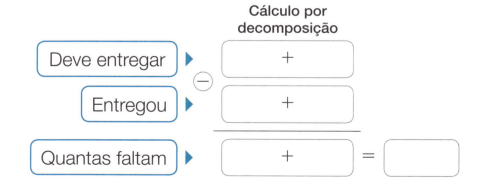

2 Na aula de Educação Física, Antônio e Pedro deram uma volta na pista caminhando depressa, sem correr. Antônio deu uma volta em 58 segundos, e Pedro, em 47 segundos. Qual foi a diferença de tempo entre os dois?

A diferença de tempo entre os dois foi de _____ segundos.

3 O quadro abaixo mostra a quantidade de pontos que cada criança obteve no jogo de argolas, no qual o vencedor é aquele com a maior pontuação.

Nome	Quantidade de pontos
César	12
Juliana	11
Marina	38

a) Quem ganhou o jogo? _____

b) Quantos pontos o vencedor fez a mais que o 2º colocado?

_____

c) Quantos pontos a mais o último colocado deveria ter feito para ser o vencedor? _____

4 Resolva as atividades propostas nos adesivos 5 a 8 da Ficha 34.

Adição e subtração com dezenas inteiras

No mercado, são vendidos pacotes de pregadores de roupa, como mostra a imagem ao lado. Cada pacote contém 10 pregadores.

a) Vânia comprou 3 pacotes de pregadores vermelhos e 6 pacotes de pregadores azuis. Complete abaixo com a quantidade de pregadores que ela comprou.

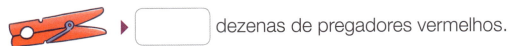 dezenas de pregadores vermelhos.

 dezenas de pregadores azuis.

b) Quantos pregadores de roupa Vânia comprou no total?

☐ + ☐ = ☐

Vânia comprou _____ pregadores de roupa no total.

c) Quantos pregadores azuis Vânia comprou a mais que vermelhos?

☐ − ☐ = ☐

Vânia comprou _____ pregadores azuis a mais que vermelhos.

Atividade

Cláudio e Renato têm juntos 70 bolinhas de gude.

a) Cláudio tem 20 bolinhas; então, quantas bolinhas Renato tem?

_____

b) Quantas bolinhas Cláudio tem a menos que Renato?

_____

Mais estratégias de cálculo

Alice não tem lápis, papel nem calculadora. Como ela pode descobrir o resultado da adição? Marque com um **X** a sua resposta.

☐ Mentalmente.

☐ Contando nos dedos.

☐ Com algum material concreto.

Alice

- Existem algumas estratégias de cálculo mental que ajudam em casos como o de Alice. Leia e complete com os números que faltam.

Para facilitar o cálculo mental, Alice adicionou 1 ao número 39 para formar uma dezena inteira, e subtraiu 1 do número 14.

E, depois, calculou o resultado.

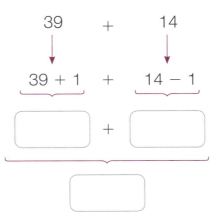

- Depois de observar a estratégia de cálculo mental utilizada por Alice, Ricardo fez 49 + 15 e obteve o resultado 65. O resultado encontrado por Ricardo está correto? Se não estiver, o que ele pode ter feito de errado?

Atividades

1 Descubra cada resultado utilizando uma estratégia de cálculo mental.

a) 59 + 35 = _____

b) 186 + 9 = _____

c) 89 + 13 = _____

d) 49 + 53 = _____

e) 209 + 4 = _____

f) 35 + 79 = _____

oitenta e três

2 Como você faria para descobrir mentalmente o resultado da subtração em que Jonas está pensando? Explique.

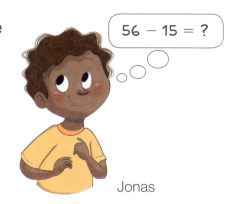
Jonas

_____

_____

_____

• Veja a estratégia que Jonas usou.

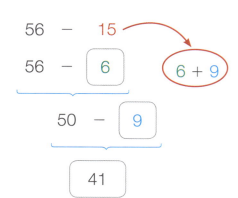

• Agora, aplique a estratégia de Jonas para descobrir o resultado em cada caso.

a) 75 − 55 = _____

b) 97 − 56 = _____

c) 85 − 36 = _____

d) 125 − 14 = _____

3 Observe como Aline e Cléber calcularam o resultado de 14 − 8.

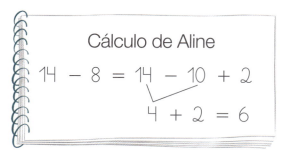

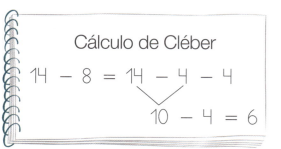

• Explique a um colega como Aline e Cléber pensaram.

• Agora, descubra os resultados, utilizando essas estratégias de cálculo.

a) 17 − 8 = _____

b) 25 − 7 = _____

4 Veja como Carlos e Rui calcularam mentalmente, de maneiras diferentes, o resultado de 17 menos 8. Complete esses cálculos.

17 − 7 = _____

Tirei 7. Falta tirar _____ para completar 8.

_____ − _____ = _____

17 − 10 = _____

Tirei 2 a mais que 8. Então, preciso adicionar _____.

_____ + _____ = _____

Carlos

Rui

- Você resolveria de uma maneira diferente? Explique aos colegas e ao professor.

5 Veja como Roberto calculou mentalmente o resultado de 25 menos 9.
- O cálculo dele está correto? Se não estiver, como deveria ser?

_____

_____

_____

Subtraí 10 de 25 e obtive 15. Esse é o resultado.

6 Calcule e escreva o resultado de cada subtração.

a) 14 − 7 =
b) 16 − 5 =
c) 23 − 9 =
d) 26 − 8 =
e) 19 − 8 =
f) 35 − 6 =
g) 24 − 7 =
h) 43 − 9 =
i) 37 − 5 =

oitenta e cinco **85**

Sequências

Represente a sequência com números.

2 ☐ ☐ ☐ ☐ ☐

Atividades

1) Observe as sequências e escreva o padrão de cada uma delas.

a) 10 21 32 43 54 65 _____

b) 70 60 50 40 30 20 _____

2) Descubra o padrão de cada sequência e complete-a.

a) 33 30 27 ☐ ☐ ☐ ☐

b) 75 65 ☐ 45 ☐ ☐ ☐

c) 20 ☐ 44 56 ☐ ☐ ☐

3) André ganhou 30 sementes de girassol. Se a cada dia ele plantar a quantidade de sementes que tem na mão, quantos dias serão necessários para plantar todas as sementes?

Serão necessários _____ dias para plantar todas as sementes.

Pratique mais

1 Leia o que Pietro está dizendo e faça o que se pede.

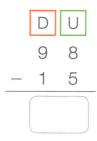
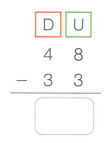

Pietro

"Depois de calcular, escreva os resultados em ordem crescente."

Ordem crescente:

2 Observe como Alice calculou 65 − 22 com a calculadora.

Eu apertei as teclas 6 5 − 2 2 =

Alice também descobriu que poderia fazer essa mesma subtração apertando outras teclas da calculadora. Desenhe as teclas que faltam ser apertadas para chegar ao resultado de 65 − 22 em cada caso.

a)

b)

oitenta e sete

Compreender problemas

Para resolver

Problema 1

Para criar um problema, considere a situação ou o contexto, o tipo de problema, os dados e a pergunta, para depois escrevê-lo.

Que problema matemático eu criei?

Márcia

Qual é o contexto?	→ Frutas nos cestos.
Qual poderia ser o problema?	→ Juntar quantidades.
Quais seriam os dados do problema?	→ Quantidade de frutas em cada cesto.
Que pergunta você faria?	→ Quantas frutas há no total?

Problema 2

Para refletir

1. Complete a redação do problema com base nas informações do *Problema 1*.

   Márcia tem dois cestos com frutas. Em um cesto, há _____ maçãs e, no outro, há _____ peras. Quantas frutas Márcia tem ao todo?

2 Elabore outro problema com as informações do *Problema 1*.

_____

_____

3 Planeje a criação de um problema com base na ilustração do *Problema 2*.

Qual é o contexto?	→	_____
Qual poderia ser o problema?	→	_____
Quais seriam os dados do problema?	→	_____
Que pergunta você faria?	→	_____

4 Redija seu problema com base nas informações da atividade **3**.

_____

> Explore os detalhes da cena ilustrada para criar o problema.

5 Troque o problema que você fez na atividade 4 com um colega e peça a ele que o resolva no caderno. Em seguida, você deve resolver o dele.

oitenta e nove **89**

Compreender informações

Ler e interpretar gráficos

1 Observe o gráfico de colunas que mostra a preferência de passatempo das crianças do bairro onde Cláudio mora e faça o que se pede.

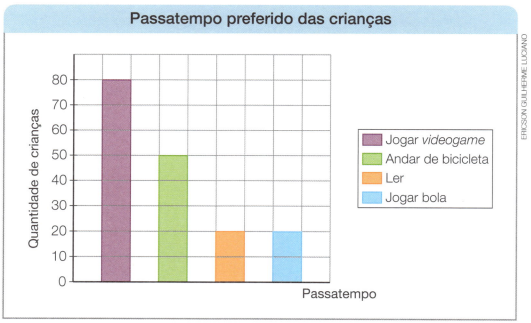

Fonte: Associação do bairro (2 jul. 2018).

 a) Nesse gráfico, podemos observar que cada quadrinho que compõe as colunas corresponde ao voto de quantas crianças?

_____

b) Qual passatempo teve maior preferência? Como você fez para saber?

_____

c) Há passatempos que tiveram a mesma quantidade de votos? Em caso positivo, escreva quais são. _____

 d) Qual é a diferença de votos entre o passatempo "Andar de bicicleta" e o passatempo "Jogar bola"? _____

 e) Quantos votos a mais o passatempo "Jogar videogame" teve em relação ao passatempo "Ler"? _____

 f) Seu passatempo preferido apareceu nesse gráfico?

2 Observe o gráfico de barras que a professora Ana fez depois de uma pesquisa com alunos da escola em que leciona e faça o que se pede.

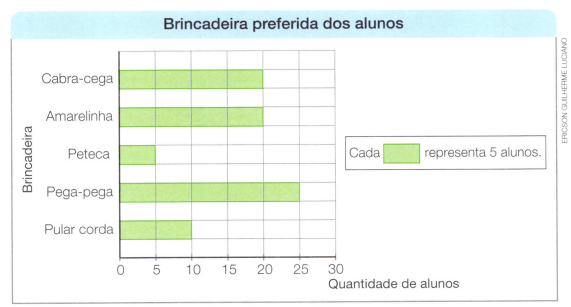

Fonte: Pesquisa da professora Ana (5 fev. 2018).

a) Complete a tabela com as informações do gráfico acima.

Brincadeira preferida dos alunos

Brincadeira	Quantidade de alunos
Cabra-cega	20
Amarelinha	
Peteca	
Pega-pega	
Pular corda	

Fonte: Pesquisa da professora Ana (5 fev. 2018).

b) Qual foi a brincadeira mais escolhida pelos alunos entrevistados pela professora Ana?

_____

c) Das brincadeiras escolhidas, qual recebeu menos votos? _____

d) A brincadeira "esconde-esconde" apareceu nas preferências dos alunos da professora Ana? Como você pensou para saber?

_____

e) Quantos alunos, no total, responderam à pesquisa da professora Ana?

_____

noventa e um **91**

Cálculo mental

1 Complete a adição que Ana está fazendo mentalmente.

__18__ + __6__ = _____

- Agora, faça como Ana. Complete as adições usando a reta numérica.

a) 15 + 7 = _____

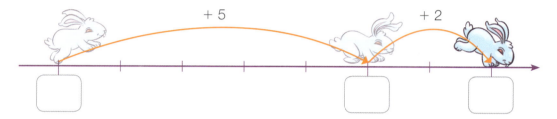

b) 26 + 8 = _____

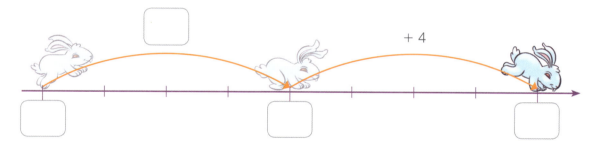

c) 37 + 5 = _____

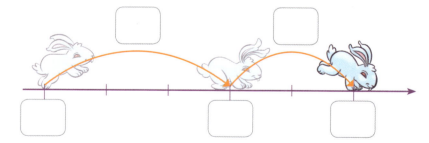

d) 48 + 7 = _____

2 Sérgio está fazendo uma subtração mentalmente. Descubra qual é essa subtração e complete-a.

Sérgio

- Agora, faça como Sérgio. Complete as subtrações usando a reta numérica.

a) 33 − 6 = _____

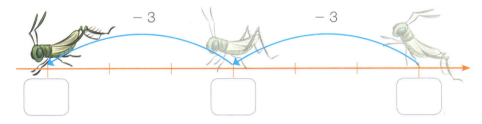

b) 25 − 7 = _____

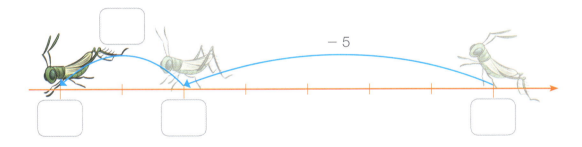

c) 42 − 5 = _____

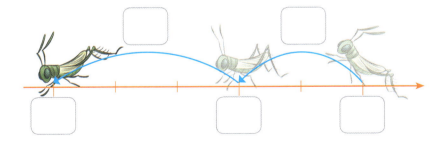

d) 43 − 4 = _____

43

noventa e três **93**

O que você aprendeu

1) Gabriel tinha algumas figurinhas. Ao jogar com seus amigos, ele perdeu 25 dessas figurinhas e sobraram 13. Quantas figurinhas Gabriel tinha antes de jogar com os amigos?

Gabriel tinha _____ figurinhas antes de jogar com os amigos.

2) Calcule o resultado das operações e ligue cada tampa a seu pote.

3) Mário e José colhem pés de alface. José colheu alguns pés de alface e Mário colheu 45 pés de alface. Ao todo, eles colheram 86 pés de alface. Quantos pés de alface José colheu?

José colheu _____ pés de alface.

4 Lucas tem 20 reais e quer comprar 2 brinquedos. Observe o preço dos brinquedos e complete as frases.

a) Se Lucas comprar o carrinho e a bola, ele pagará _____ reais e sobrarão _____ reais.

b) Se Lucas comprar o ursinho e a bola, ele pagará _____ reais e sobrarão _____ reais.

c) Se Lucas comprasse o ursinho e o carrinho, ele pagaria _____ reais e faltaria _____ real.

5 Escolha um número para ser o primeiro termo, determine um padrão e crie uma sequência.

Padrão:

Sequência:

Quebra-cuca

Com a quantia que Paula tinha, ela comprou uma bolsa.

Ela gastou   e ainda sobraram  . Quantos reais Paula tinha antes de comprar a bolsa? _____

UNIDADE 4
Geometria

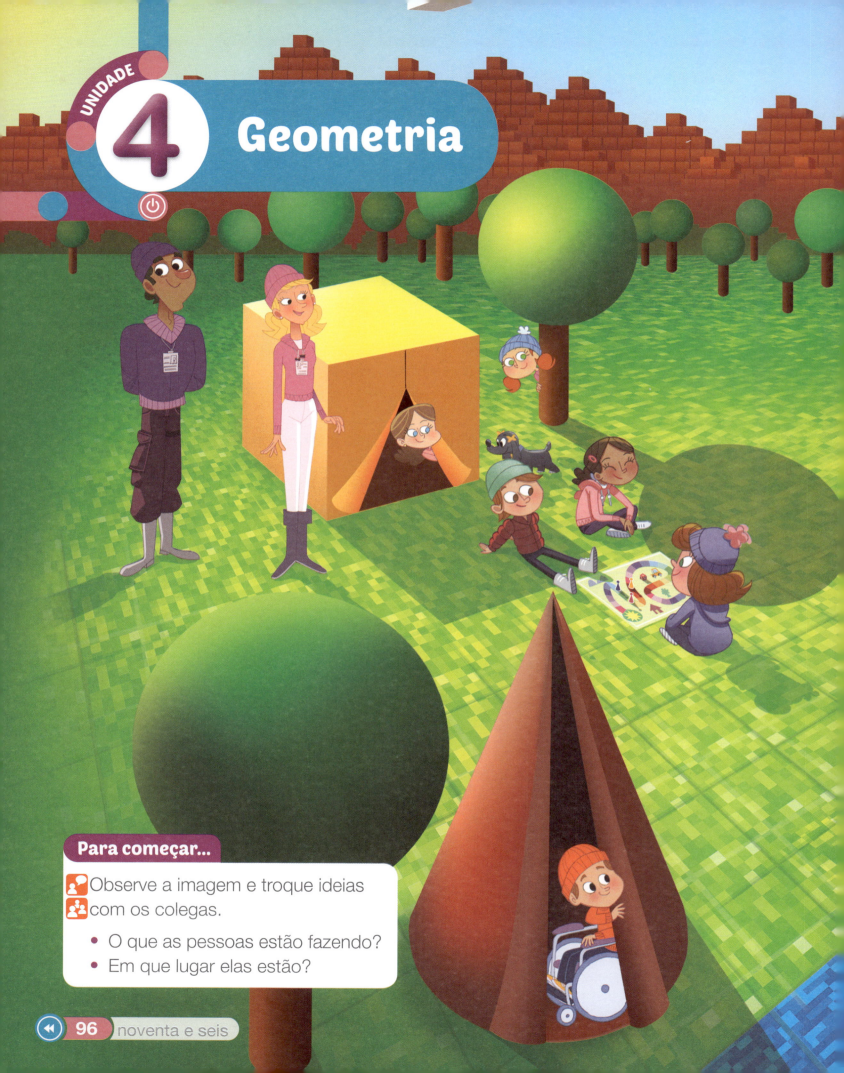

Para começar...

Observe a imagem e troque ideias com os colegas.

- O que as pessoas estão fazendo?
- Em que lugar elas estão?

Figuras geométricas não planas

Estudo de superfícies

Veja como Camila separou alguns objetos em dois grupos. Observe esses objetos e ligue cada grupo a uma etiqueta.

Grupo 1

Grupo 2

Objetos com superfícies não arredondadas

Objetos com superfícies arredondadas

- Agora, dê exemplos de objetos encontrados em sua casa ou na escola que tenham superfícies arredondadas e de objetos que não tenham superfícies arredondadas.

Atividades

1 Destaque e monte os moldes de cinco figuras geométricas que estão nas Fichas 20 a 24.

Você vai usar os modelos que montou nas atividades desta Unidade.

- Agora, analise as figuras montadas e responda à questão.
O que você pode dizer sobre cada uma delas?

As figuras nesta página não foram apresentadas em escala de tamanho.

2 Contorne o objeto "intrometido" em cada quadro.

As figuras nesta atividade não foram apresentadas em escala de tamanho.

3 Marque com um **X** apenas os pares de figuras com superfícies arredondadas.

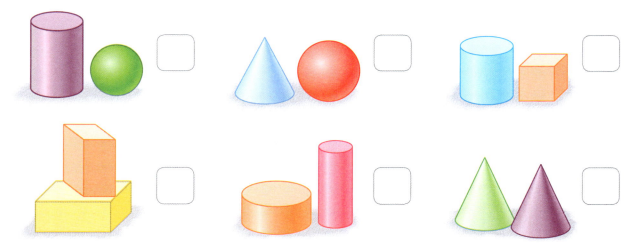

4 Pinte as figuras de acordo com a legenda a seguir.

🖍 figuras com superfície arredondada

🖍 figuras com superfície não arredondada

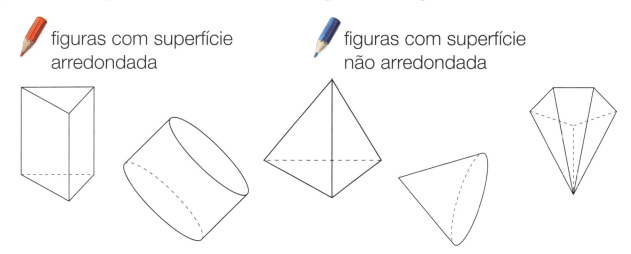

noventa e nove **99**

Cubos, paralelepípedos e pirâmides

Cíntia e Caio estão observando as peças.

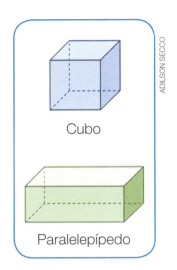

a) O que as peças de Cíntia e de Caio têm de parecido?

b) O que elas têm de diferente?

Atividades

1) Janaína precisa guardar as peças azuis abaixo nas caixas de papelão.

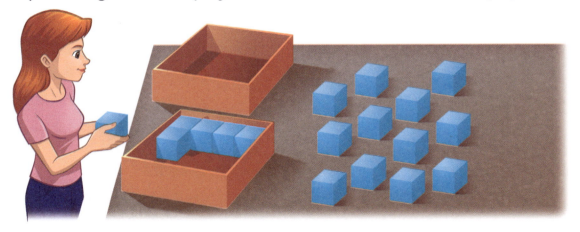

a) Cada peça azul lembra qual figura geométrica? _____

b) Sabendo que as duas caixas de papelão são iguais, todas as peças azuis caberão nelas?

_____

_____

2 Quantas peças há em cada empilhamento?

a)

b)

c)

d)

- Observando todas as peças dos empilhamentos, faça uma estimativa: quantas peças há no total? _____

3 A barraca que Luciana montou no quintal lembra uma figura geométrica chamada **pirâmide**.

Pirâmide

a) Observe as representações abaixo.

Depois, pinte de 🖊 para obter paralelepípedos e de 🖊 para obter pirâmides.

b) Alguma das representações acima não foi pintada? Por quê?

4 Faça uma estimativa: quantas peças cúbicas de cor laranja cabem no recipiente transparente? _____

Não tenha **pressa** para realizar essa estimativa. Pense bem!

- Conte a seus colegas como você pensou para chegar à resposta.

cento e um

Cones, cilindros e esferas

O chapéu de festa lembra uma figura geométrica chamada **cone**.

Cone

- Observe as fotos abaixo e contorne a foto do objeto que lembra um cone.

Atividades

1 Com argila, Gabriela fez uma escultura que lembra uma pirâmide e, depois, a transformou em outra escultura que lembra um cone.

- Observe as duas esculturas feitas por Gabriela e escreva o que as figuras geométricas que elas lembram têm em comum.

_____

_____

2 Analise as bolinhas e a embalagem mostradas ao lado.

- Até quantas bolinhas podem ser colocadas na embalagem?

_____

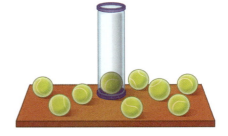

As figuras nesta página não foram apresentadas em escala de tamanho.

3 Observando os objetos mostrados abaixo, podemos verificar que a lata lembra uma figura geométrica chamada **cilindro**. E a bola lembra uma figura geométrica chamada **esfera**.

Os objetos nesta atividade não estão apresentados em escala de tamanho.

- Agora, escreva nomes de objetos que lembram:

    a) cilindro ▶ _____

    b) esfera ▶ _____

4 A planificação de um dado é formada por 6 partes. Cada parte lembra um quadrado.

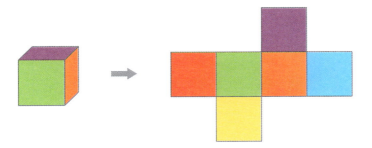

a) Contorne a planificação que pode formar um cilindro.

b) Marque com um **X** as figuras planas que podem ser reconhecidas na planificação do cilindro.

☐ Retângulo e círculo.   ☐ Triângulo e círculo.

cento e três 103

Compreender informações

Ler e interpretar tabelas de dupla entrada

1. Glória tem um jogo cujas peças lembram figuras geométricas não planas. Observe as peças desse jogo.

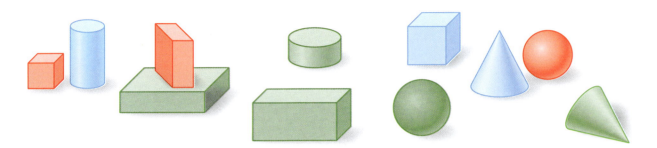

Ela organizou essas peças pelas suas características. Depois, contou e registrou as quantidades em uma tabela. Veja.

Características das peças

Cor / Tipo de superfície	Azul	Vermelha	Verde
Com superfície arredondada	2	1	3
Com superfície não arredondada	1	2	2

Fonte: Anotações de Glória (20 mar. 2018).

- Agora, de acordo com a tabela, responda.

    a) Quantas características Glória observou nas peças do jogo? Quais são elas? _____

    b) Quantas peças verdes há no jogo de Glória? _____

    c) Quantas peças com superfície arredondada há nesse jogo? _____

    d) Há mais peças verdes ou azuis? _____

    e) Quantas peças há nesse jogo? _____

104 cento e quatro

2 Paulo e Flávio moram em sítios e criam vacas e porcos.

Observe a tabela que mostra a quantidade de animais que cada um deles criava em novembro de 2018.

Animais criados

Animal / Criador	🐄	🐖
Paulo	13	25
Flávio	32	14

Fonte: Anotações de Paulo e de Flávio (nov. 2018).

- De acordo com a tabela, responda.

   a) Quantas vacas Paulo cria? _____

   b) Quantos porcos Flávio cria? _____

   c) Quantos animais Flávio cria no total? E Paulo? _____

   d) Quem cria mais porcos? Quantos a mais? _____

   e) Quem cria menos vacas? Quantas vacas faltam para que esse criador fique com a mesma quantidade de vacas que o outro criador?

   f) Juntando as vacas de Paulo e as de Flávio e juntando os porcos desses dois criadores, pode-se perceber que há menos porcos que vacas. Quantos porcos faltam para termos a mesma quantidade total de vacas?

   g) Quantos animais há ao todo, juntando as criações de Paulo e as de Flávio?

cento e cinco 105

Semelhanças e diferenças

Observe as representações abaixo e faça o que se pede.

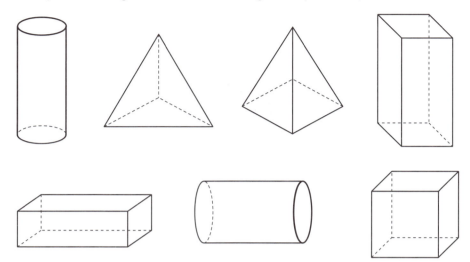

a) Pinte de ✏️ para obter figuras com superfície arredondada. Pinte de ✏️ para obter outras figuras geométricas não planas.

b) Qual é o nome das figuras geométricas não planas de cor ✏️? E o das figuras geométricas não planas de cor ✏️?

_____

c) Qual é o nome de outra figura geométrica não plana com superfície arredondada?

_____

Atividade

Marque com um **X** a dupla de figuras geométricas não planas que têm mais características em comum.

☐ Esfera e pirâmide.

☐ Esfera e cubo.

☐ Cubo e paralelepípedo.

☐ Cubo e cone.

106 cento e seis

Figuras geométricas planas

Características das figuras geométricas planas

- Augusto comprou um envelope para colocar o cartão de aniversário que fez para sua mãe e um papel florido para embrulhar o presente.

O envelope visto deste modo lembra uma figura geométrica plana chamada **retângulo**.

O papel de presente visto desta maneira lembra uma figura geométrica plana chamada **quadrado**.

Pinte uma figura ao lado para representar um retângulo e uma para representar um quadrado.

 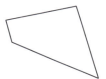

- Nas ruas, há várias placas de trânsito que lembram figuras geométricas planas.

A imagem da placa de proibido seguir em frente lembra uma figura plana chamada **círculo**.

A imagem da placa de preferência lembra uma figura plana chamada **triângulo**.

Contorne a imagem que lembra um círculo e a que lembra um triângulo.

As imagens nesta página não estão apresentadas em escala de tamanho.

cento e sete 107

Atividades

1 Observe as figuras geométricas planas representadas abaixo.

a) Quais são as duas figuras geométricas planas que apresentam mais características em comum? _____

_____

 b) Agora, explique a um colega como você chegou a essa conclusão.

 2 Destaque as peças verdes da Ficha 25 e faça o que se pede.

a) Escolha dois triângulos e forme um quadrado.

b) Com os outros dois triângulos, obtenha um retângulo.

c) Agora, cole as figuras planas formadas nos respectivos espaços.

d) O que você notou entre os triângulos usados para obter cada figura plana acima?

3 Para formar o retângulo da atividade **2**, juntamos dois triângulos diferentes dos usados para obter o quadrado. Agora, destaque as peças azuis da Ficha 26 e observe-as.

a) É possível formar um retângulo com todas as peças azuis? Explique sua resposta.

b) É possível representar com essas peças uma figura geométrica plana diferente do retângulo? Se for possível, qual é o número de peças usadas? E qual é a figura geométrica representada?

c) O que podemos concluir com a atividade **2** e os itens *a* e *b* desta atividade?

4 Observe as figuras geométricas planas representadas abaixo.

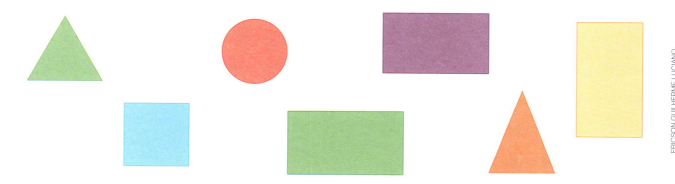

- Marque com um **X** a figura geométrica plana que tem menos características comuns com as demais.

5 Destaque e monte o molde da Ficha 27. Analise atentamente a figura geométrica que o seu modelo montado lembra. Ela representa um monumento localizado no Egito.

Pirâmides de Gizé, Egito, 2014.

a) Qual figura geométrica não plana esse modelo lembra?

b) Quais figuras geométricas planas podem ser reconhecidas na figura geométrica não plana representada pelo modelo que você montou?

Vamos jogar?

Descobrindo figuras

PARA JOGAR MUITAS VEZES

Material: quadro de figuras abaixo.

Jogadores: 2 ou mais.

Regras:

- Os jogadores devem decidir quantas rodadas terá o jogo e qual deles vai começá-lo.
- O jogador da vez deve observar as figuras a seguir e escolher uma delas, sem contar aos demais jogadores qual figura escolheu.
- Então, os demais jogadores devem fazer perguntas para tentar descobrir a figura que o jogador da vez escolheu. Mas atenção: as perguntas só podem ser respondidas com "**sim**" ou "**não**".
- Se a figura escolhida for descoberta em até 4 perguntas, todos os jogadores ganham 1 ponto, exceto o jogador da vez. Se após 4 perguntas os jogadores não descobrirem a figura escolhida, apenas o jogador da vez ganha 1 ponto.
- Ao final das rodadas combinadas no início do jogo, ganha o jogador que acumular mais pontos.

Depois de jogar

Observe as perguntas que os colegas de Elisa fizeram e as respostas que ela deu a eles.

- Qual foi a figura que Elisa escolheu? _____

Matemática em textos

Leia

Viajando para Brasília

15/08/2017
por Carlos Lima

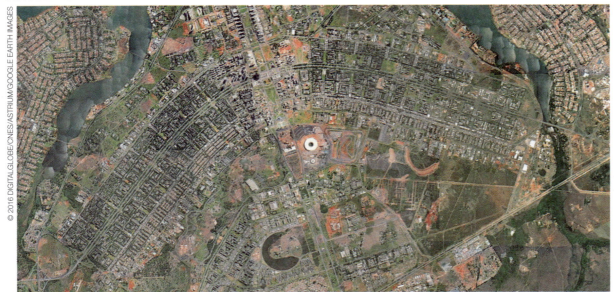

Imagem aérea da cidade de Brasília, Brasil.

Sempre quis conhecer Brasília. Fiquei sabendo que vista de cima ela se parece com um avião: um vão principal e duas partes que lembram asas.

Fiquei muito curioso e quis saber um pouco mais.

Descobri que vários edifícios de Brasília foram projetados por **Oscar Niemeyer**, famoso arquiteto brasileiro. Um dos projetos mais famosos é o do **Palácio do Congresso Nacional**.

Quando finalmente cheguei a Brasília, o primeiro lugar que visitei foi o Congresso Nacional, na Praça dos Três Poderes. Olhar o Congresso de fora é emocionante! Pela minha cabeça passavam várias cenas da história do Brasil que lá aconteceram...

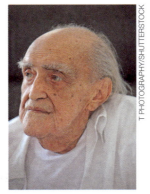

Oscar Niemeyer, Rio de Janeiro, 2010.

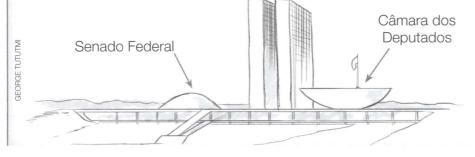

Senado Federal — Câmara dos Deputados

Vejam o esquema que fiz do Congresso Nacional. Eu ficava imaginando que seria legal se eu pudesse conhecer o lugar onde são feitas e decididas todas as leis que regulam o país.

Outro lugar que eu queria muito conhecer era o Palácio do Planalto. Mas, infelizmente, perdi o dia e o horário de visita. Se você quiser conhecê-lo, não esqueça: a visitação pode ser realizada somente aos domingos, das 9h às 13h30. São distribuídas senhas, a cada 30 minutos, para grupos de 20 pessoas.

Palácio do Planalto. Brasília, Brasil.

Responda

1. Quem projetou o Palácio do Planalto? _____

2. Com o que se parece a vista de cima de Brasília?
_____

Analise

Encontre a informação sobre o primeiro local que Carlos visitou quando foi a Brasília. Depois, responda.

a) Nesse local, existem duas torres. Com qual figura geométrica elas se parecem? _____

b) Observe uma das torres e desenhe:

Vista de cima	Vista de frente	Vista de lado

Aplique

Você sabe o que se faz no Palácio do Planalto? E o que tem lá dentro? Faça uma pesquisa e depois conte aos colegas o que descobriu.

cento e treze 113

Pratique mais

Observe o desenho que Denise fez na malha pontilhada.

a) Que figuras geométricas você reconhece no desenho que Denise fez?

_____

_____

 b) Agora é a sua vez de mostrar seu talento! Faça como Denise e crie um desenho bem bonito e colorido na malha abaixo.

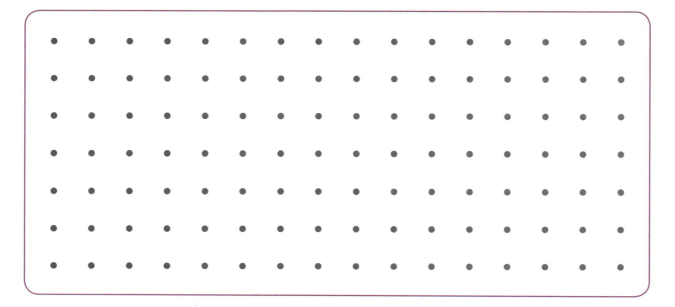

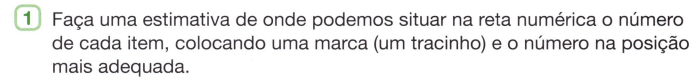

Cálculo mental

1. Faça uma estimativa de onde podemos situar na reta numérica o número de cada item, colocando uma marca (um tracinho) e o número na posição mais adequada.

   a) Número: 50

   b) Número: 20

   c) Número: 30

2. Descubra o "tamanho" do "salto", continue "saltando" e escreva os números na reta.

   a)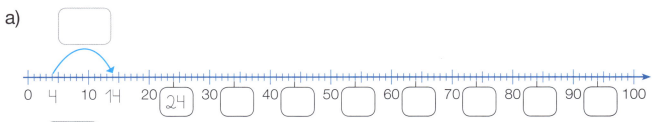

   b)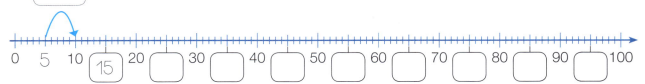

3. Ligue cada número à sua localização na reta numérica.

   58   23   42
       34   61
            14
                  75

   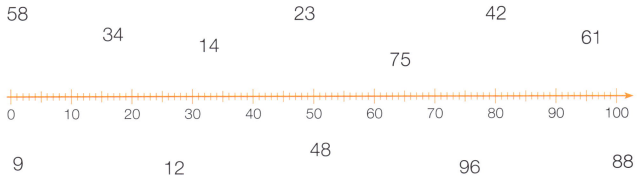

              48
   9   12   96   88

cento e quinze 115

O que você aprendeu

1. Observe a reprodução da obra e, depois, responda às questões.

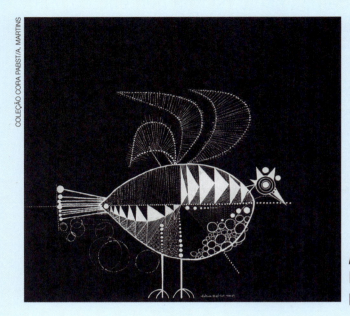

a) Nessa obra, o artista desenhou figuras geométricas planas ou figuras geométricas não planas?

_____

b) Descreva essa obra para um colega.

Pássaro, de Aldemir Martins, 1958/1959. Estudo para painel – nanquim branco sobre papel preto 55 × 60 cm.

2. Veja estas representações de pirâmides e, depois, escreva o que elas têm de parecido e o que têm de diferente.

 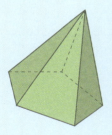

_____
_____
_____
_____

3. Siga os comandos das setas azuis abaixo e construa uma figura a partir do ponto verde na malha. Depois, pinte-a.

- A figura pintada é uma representação de qual figura geométrica plana?

_____

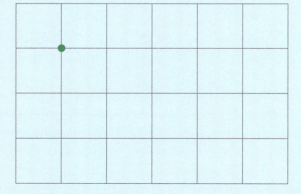

116 cento e dezesseis

4 Observe a legenda abaixo.

As imagens nesta página não foram apresentadas em escala de tamanho.

P ▶ Lembra figura geométrica plana.

N ▶ Lembra figura geométrica não plana.

- Agora, coloque a letra correspondente no quadrinho de cada objeto, de acordo com o tipo de figura que ele lembra.

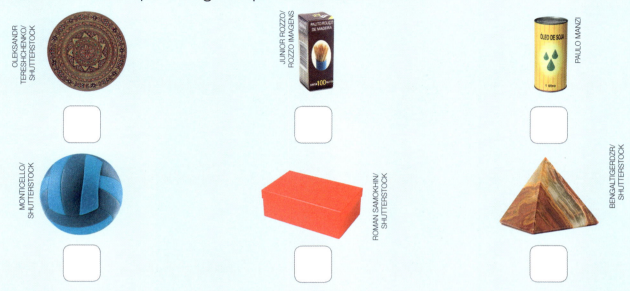

5 Observe a sequência e marque com um **X** a figura escondida pela 2ª bandeira.

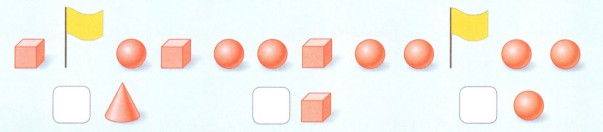

Observe a ilustração e complete a frase.

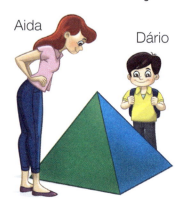

Aida e Dário observam uma pirâmide.

Aida está vendo a pirâmide assim:

A parte da pirâmide que Dário vê tem

a forma de um _____

de cor _____.

cento e dezessete 117

UNIDADE 5
Multiplicação

Para começar...

As crianças estão brincando em uma trilha.

- Quantos pontos tem a menina que acabou de sair da casa *I*?
- Em quais casas os jogadores podem perder pontos? Marque com um **X**.

TEMA 1. Algumas ideias da multiplicação

Situações de multiplicação

Cada cachorro tem dois ossos. Quantos ossos os três cachorros têm juntos?

Adição ▶ __2__ + __2__ + __2__ = _____

Juntos, os três cachorros têm _____ ossos.

Atividades

1. Na produção de 1 urso de brinquedo, são usados pedaços de tecido da seguinte maneira: 4 da cor azul, 1 da amarela, 2 da laranja e 2 da verde.

Urso de brinquedo

a) Para produzir 2 ursos de brinquedo, são necessários os seguintes pedaços de tecido:

_____ da cor azul, _____ da amarela, _____ da laranja e _____ da verde.

b) Então, para produzir 3 ursos de brinquedo, são necessários os seguintes pedaços de tecido: _____ da cor azul, _____ da amarela, _____ da laranja e _____ da verde.

2 Observe os 3 enfeites de porta que Verusca fez para dar às suas amigas. Em cada um dos enfeites, ela colocou 2 passarinhos.

- Quantos passarinhos Verusca usou, ao todo, nos 3 enfeites?

    Ao todo, Verusca usou _____ passarinhos.

3 Veja na imagem as frutas que Maria vende em sua barraca.

a) Pela manhã, Maria vendeu 6 maçãs. Quantos reais ela recebeu pelas maçãs?

Maria recebeu _____ reais pelas maçãs.

b) Mais tarde, ela vendeu 2 abacaxis. Quantos reais Maria recebeu pelos 2 abacaxis?

Pelos 2 abacaxis, Maria recebeu _____ reais.

c) Quantos reais Maria recebeu pelas 8 frutas vendidas?

Maria recebeu _____ reais pelas frutas vendidas.

4 João trabalha em uma fábrica de tapetes em 2 períodos: de manhã e à tarde.

João sempre fabrica 3 tapetes por período.

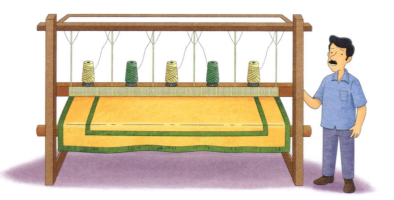

a) Desenhe os tapetes fabricados por João no período da tarde.

Manhã

Tarde

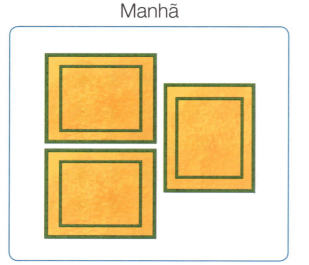

b) Quantos tapetes João fabrica em um dia de trabalho? _____

c) Quantos tapetes João fabrica em 2 dias de trabalho? _____

d) E em 3 dias, quantos tapetes João fabrica? _____

5 Laura e seus amigos estão brincando com um jogo de cartas em que cada jogador recebe 3 cartas numeradas. Quantas cartas serão necessárias em um jogo com 5 participantes?

Em um jogo com 5 participantes, serão necessárias _____ cartas.

6. Observe ao lado a quantidade de frutas que Analice vendeu durante a manhã.

   a) Quantas maçãs Arnaldo comprou?

   Arnaldo comprou _____ maçãs.

   b) Quantas peras Laura comprou?

   Laura comprou _____ peras.

7. Observe ao lado as vendas de Analice no período da tarde e, depois, responda à questão.

   • Quantos mamões Analice vendeu no período da tarde?

   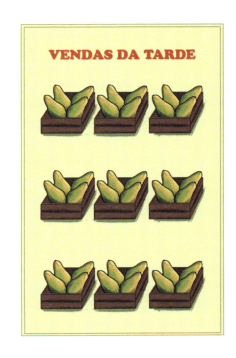

   No período da tarde, Analice vendeu _____ mamões.

8. Resolva o problema proposto no adesivo 1 da Ficha 35.

Registro da multiplicação

Observe ao lado os alunos de uma turma de capoeira.

Quantos alunos há em três turmas de capoeira com seis alunos em cada uma?

Multiplicação

3 vezes 6 é igual a _____.

3 × 6 = 18

O símbolo que usamos para indicar uma multiplicação é ×.

Em **3** turmas de capoeira com **6** alunos cada uma, há _____ alunos.

Atividades

Animação
Ideias de multiplicação

1. Observe as jogadoras de uma equipe de basquete e, depois, responda.

   Quantas jogadoras há em:

   a) duas equipes de basquete como essa?

   São __2__ equipes de basquete com __5__ jogadoras em cada equipe.

   Multiplicação ▶ _____ × _____ = _____

   Há _____ jogadoras em duas equipes de basquete como essa.

   b) quatro equipes de basquete como essa?

   Multiplicação ▶ _____ × _____ = _____

   Há _____ jogadoras em quatro equipes de basquete como essa.

2 Adílson e Flávio querem descobrir quantos carrinhos há na estante.

a) Ao todo, quantos carrinhos há na estante? _____

b) Como você calculou esse total?

c) Complete a adição e a multiplicação para representar o total de carrinhos de duas maneiras.

Adição ▶ __4__ + __4__ + __4__ = _____

Multiplicação ▶ __3__ vezes __4__ é igual a _____.

_____ × _____ = _____

3 Complete as duas maneiras de calcular o total de mangas.

__2__ + _____ + _____ + _____ = _____

__4__ × _____ = _____

No total, há _____ mangas.

4 Complete as adições e as multiplicações para calcular o total de pontos dos dados em cada caso.

a)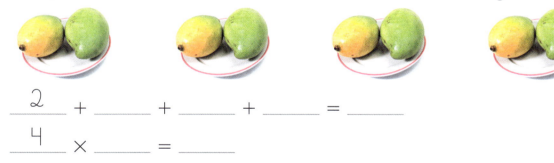

_____ + _____ + _____ + _____ = _____

_____ × _____ = _____

b)

_____ + _____ + _____ + _____ + _____ = _____

_____ × _____ = _____

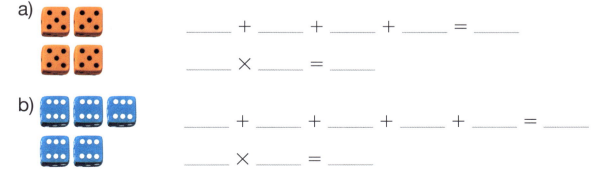

cento e vinte e cinco

A Matemática me ajuda a ser...

... um consumidor atento

Observe o folheto com as ofertas de um supermercado.

As pessoas que moram com você costumam comprar produtos em oferta ou em embalagens econômicas?

Propaganda enganosa é crime! O anúncio enganador é aquele que conduz o consumidor ao erro, garantindo algo que, de fato, não vai acontecer.

É preciso estar sempre atento! Há ofertas e embalagens econômicas que não são realmente vantajosas para o consumidor.

Tome nota

1. Você acha que as duas ofertas do folheto são vantajosas?

2. O que é mais vantajoso: comprar a embalagem econômica com 12 tabletes de chocolate ou comprar 12 tabletes separadamente?

3. Se comprar a embalagem econômica de balas, você vai economizar? Explique.

4. A propaganda "LEVE MAIS POR MENOS" do folheto é verdadeira?

Reflita

1. Quais deveriam ser os preços das embalagens econômicas do folheto para que o consumidor realmente tivesse vantagem?

   • Como você fez para chegar a esses valores?

2. Marque com um **X** as ofertas vantajosas.

TEMA 2 — Mais multiplicações

2 vezes ou o dobro

Observe as crianças juntando materiais recicláveis.

- Quantas latinhas de suco Marina juntou?

Adição ▶ __4__ + __4__ = _____

Multiplicação ▶ __2__ × _____ = _____

Marina juntou _____ latinhas de suco.

> Calcular **duas vezes** um número é o mesmo que encontrar o **dobro** desse número.

Atividades

1 Desenhe em cada quadro o dobro da quantidade de figuras em cada caso.

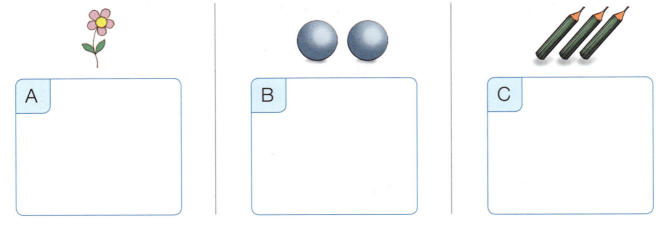

128 cento e vinte e oito

2 Conte as penas das petecas e as bolas dentro das caixas e, depois, complete.

a)

___5___ + ___5___ = _____

_____ × _____ = _____

_____ é o dobro de ___5___.

Há _____ penas nas 2 petecas.

b)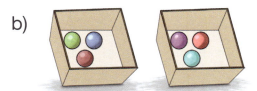

_____ + _____ = _____

_____ × _____ = _____

_____ é o dobro de _____.

Há _____ bolas nas 2 caixas.

3 Leia as frases abaixo e marque com um **X** as corretas.

Sabendo que Maria tem 7 anos de idade e Valéria tem 14, então:

☐ Valéria tem o dobro da idade de Maria.

☐ Maria tem o dobro da idade de Valéria.

☐ Valéria tem 2 vezes a idade de Maria.

☐ Maria tem a metade da idade de Valéria.

4 Elaine foi à feira com seu primo Pedro e comprou meia dúzia de bananas, enquanto Pedro comprou o dobro dessa quantidade. Quantas bananas, no total, eles compraram?

Eles compraram, no total, _____ bananas.

5 Registre no caderno como você calcularia o dobro de 13.
- Converse com os colegas para descobrir a maneira que vocês acham mais fácil de obter esse resultado.

cento e vinte e nove

3 vezes ou o triplo

Carlos é vendedor em uma loja.

Observe a cena a seguir e, depois, complete os cálculos.

- Quantos ventiladores Carlos espera vender no sábado?

    Adição ▶ __5__ + __5__ + __5__ = _____

    Multiplicação ▶ __3__ × _____ = _____

Carlos espera vender _____ ventiladores no sábado.

> Calcular **três vezes** um número é o mesmo que encontrar o **triplo** desse número.

Atividades

1 Pinte o triplo da quantidade indicada em cada caso.

a)

b)
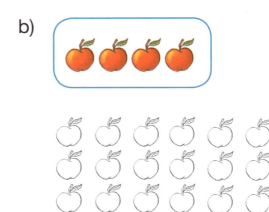

2. Veja como podemos calcular o resultado de 3 × 5 com o auxílio de uma calculadora e, depois, faça o que se pede.

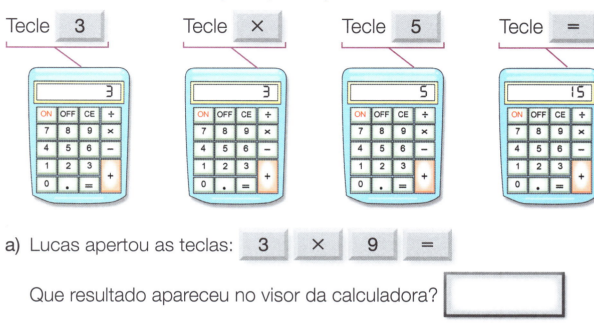

a) Lucas apertou as teclas: 3 × 9 =

Que resultado apareceu no visor da calculadora? ☐

b) Ana multiplicou dois números com a calculadora.
Uma das teclas apertadas foi 3 , e o resultado foi 24.
Desenhe as teclas que Ana apertou.

3. Resolva os problemas a seguir.

a) Ana foi à padaria e comprou 3 sorvetes, como o da imagem ao lado.
Quantos reais ela gastou?

_____ × _____ = _____

Ana gastou _____ reais.

Picolé 3 reais cada

b) Cristina comprou um bolo e gastou o triplo do que Ana gastou com os sorvetes.
Quantos reais Cristina gastou?

_____ × _____ = _____

Cristina gastou _____ reais.

4. Resolva as multiplicações do adesivo 2 da Ficha 35.

Vamos jogar?

Encontre o dobro ou o triplo

PARA JOGAR MUITAS VEZES

Material: Tabuleiro C, dado e marcadores da Ficha 28.

Jogadores: 2

Regras:

- O jogador que tirar o maior número no lançamento do dado começa a partida.
- Cada participante joga com sua cartela e 10 marcadores.
- O jogador, na sua vez, lança o dado e procura na sua cartela o número que corresponde ao dobro ou ao triplo do número obtido no dado, cobrindo-o com seu marcador. Por exemplo: se o número obtido no dado for 6, o jogador poderá cobrir em sua cartela o número 12, que é o dobro de 6, ou o número 18, que é o triplo de 6, caso esses números ainda não estejam cobertos.
- Se o dobro e o triplo do número obtido no lançamento do dado já estiverem cobertos por um marcador, o jogador deve passar a vez.
- Vence quem cobrir primeiro todos os números de sua cartela.

Veja se entendeu

Um jogador tirou o número 4 no dado e quer cobrir o número 9 em sua cartela. Ele poderá fazer isso? Justifique sua resposta.

_____
_____

Depois de jogar

1 Observe a jogada e descubra que número Renata poderá cobrir em sua cartela.

_____

_____

2 Um jogador precisa cobrir o número 3 da cartela. Que número ele precisa tirar no dado? Por quê?

_____

3 Há algum número na cartela que é o dobro de um número do dado e, ao mesmo tempo, o triplo de outro número do dado? Justifique.

_____

_____

4 Reúna-se com um colega para responder às perguntas de Helena e de Miguel.

Helena: Será que o número 11 poderia estar na cartela?

Miguel: Por que o maior número da cartela é o 18?

Para responder às perguntas, **organize** seus pensamentos e **ouça** seu colega com respeito e atenção.

_____

_____

cento e trinta e três 133

Completando sequências

- Complete as sequências e, depois, descubra multiplicações cujos resultados sejam os números da sequência.

a)
| 2 | 4 | 6 | 8 | | | | | |

| 2 × 1 | | 2 × 2 | | 2 × 3 | | 2 × 4 | | |

| | | | | | | | | |

b)
| 3 | 6 | 9 | | | | | | |

| 3 × 1 | | 3 × 2 | | 3 × 3 | | | | |

| | | | | | | | | |

- Agora é a sua vez de construir uma sequência e registrar multiplicações cujos resultados sejam os números da sequência.

Atividades

1 Estes cinco quadros devem formar uma sequência. Pinte os quadrinhos de acordo com o padrão da sequência.

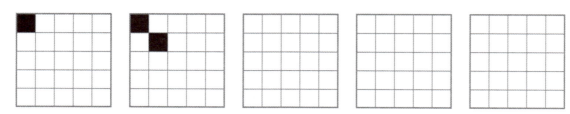

2 Observe os cálculos indicados a seguir e, depois, faça o que se pede.

| 1 × 10 | 2 × 10 | 3 × 10 | 4 × 10 | 5 × 10 |

| 1 × 1 | 2 × 1 | 3 × 1 | 4 × 1 | 5 × 1 |

 a) Pinte no quadro abaixo apenas os números que correspondem aos resultados desses cálculos.

1	2	3	4	5	6	7	8	9	10
11	12	13	14	15	16	17	18	19	20
21	22	23	24	25	26	27	28	29	30
31	32	33	34	35	36	37	38	39	40
41	42	43	44	45	46	47	48	49	50

 b) Converse com seus colegas sobre o que vocês podem observar em relação aos números que foram pintados.

3 Observe as casas ilustradas abaixo.

 a) Na ordem em que estão apresentados, os números dessas casas formam uma sequência que segue algum padrão? Caso sigam, qual?

b) Escreva os números dessas casas em ordem crescente.

_____

c) A sequência formada por esses números em ordem crescente possui algum padrão? Se possuir, escreva qual.

_____

4 Observe a sequência com a representação de figuras geométricas planas.

 • Desenhe como poderia ser a próxima figura dessa sequência.

cento e trinta e cinco **135**

4 vezes

Marcos comprará 4 bandejas com 6 ovos em cada uma.

Vou comprar as 4 bandejas.

OVOS

- Quantos ovos ele comprará?

  Adição ▶ ___6___ + ___6___ + _____ + _____ = _____

  Multiplicação ▶ _____ × _____ = _____

Marcos comprará _____ ovos.

Atividades

1. Conte de 4 em 4 e marque o caminho para levar o coelho até a cenoura.

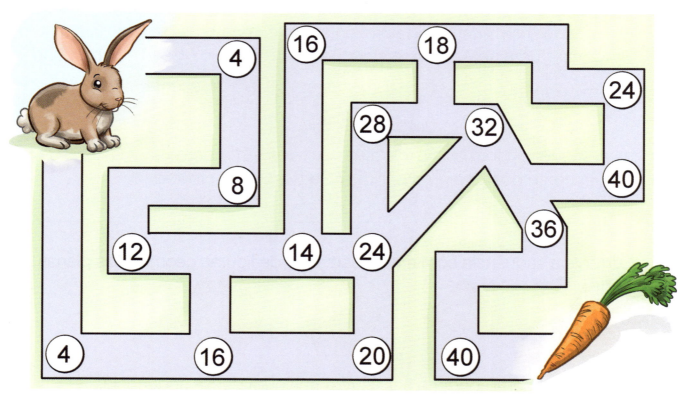

136 cento e trinta e seis

2) Ligue cada multiplicação à situação correspondente.

4 × 1   4 × 2   4 × 3   4 × 5

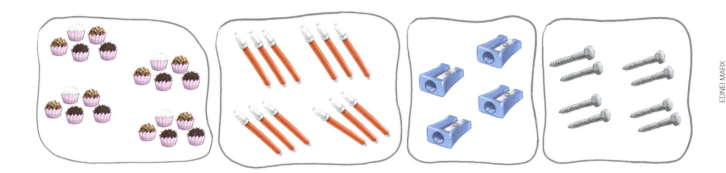

3) Represente o total de ladrilhos em cada situação por meio de duas multiplicações.

a)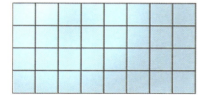

_____ × _____ = _____

_____ × _____ = _____

Há _____ ladrilhos.

b)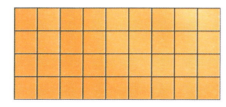

_____ × _____ = _____

_____ × _____ = _____

Há _____ ladrilhos.

4) Adriana comprou 4 pacotes de adesivos.
Cada pacote vem com 7 adesivos.
Quantos adesivos ela comprou no total?

_____ × _____ = _____

No total, ela comprou _____ adesivos.

cento e trinta e sete

5 vezes

Na barraca de Joana, as peras são vendidas em caixas com 6 unidades cada uma. Quantas peras há na barraca de Joana?

Cada caixa tem _____ peras. Há _____ caixas.

Adição ▶ __6__ + __6__ + _____ + _____ + _____ = _____

Multiplicação ▶ _____ × __6__ = _____

Na barraca de Joana, há _____ peras.

Atividades

1. Escreva uma multiplicação para representar o total de objetos em cada caso.

a)

_____ × _____ = _____

Há _____ apontadores.

b)

_____ × _____ = _____

Há _____ borrachas.

2 Calcule o total de bombons.

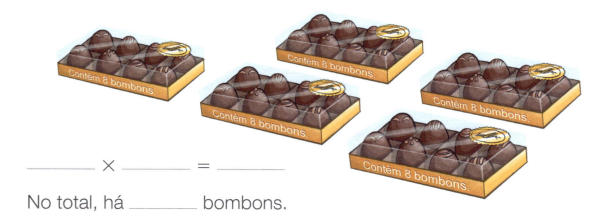

_____ × _____ = _____

No total, há _____ bombons.

- Agora, responda à questão.
  Qual seria o total de bombons se houvesse mais uma caixa dessas?

_____

3 Complete o quadro com o preço das balas.

5 centavos cada bala

Quantidade de balas	1	2	3	4	5	6	7	8	9	10
Preço em centavos	5									

4 Diego e Everton calcularam o resultado de 5 × 1.

a) Quem obteve o resultado correto? _____

b) Como você pode confirmar o resultado correto para esse cálculo?

Diego: Cinco vezes um é igual a cinco.

Everton: Cinco vezes um é igual a um.

5 Resolva as multiplicações dos adesivos 3 e 4 da Ficha 35.

cento e trinta e nove **139**

Compreender informações

Classificar e analisar resultados de situações de acaso

1 Tábata gosta de brincar com dados. Hoje ela resolveu observar o total obtido ao adicionar os números das partes que ficam voltadas para cima no lançamento de dois dados comuns: um branco e um verde.

a) Tábata obteve 11 em dois lançamentos dos dois dados. Veja:

- Há outras possibilidades de obter total 11 diferentes das que Tábata obteve? Por quê?

b) Que total Tábata obteve na situação mostrada ao lado? _____

- Desenhe todas as maneiras de obter esse total no lançamento de um dado branco e outro verde.

c) É pouco provável ou muito provável Tábata obter total 12 em um desses lançamentos? Por quê?

d) Tábata ficou pensando em todas as possibilidades de obter total 7 em um lançamento desses dois dados. Marque com um **X** para responder. Obter total 7 é:

☐ impossível.   ☐ pouco provável.   ☐ muito provável.

2 Carla tem 2 gizes de cera verdes, o triplo dessa quantidade de gizes na cor azul e o dobro da quantidade de gizes azuis na cor vermelha. Veja os gizes de cera verdes de Carla.

a) Desenhe com 🖍 os gizes de cera azuis e com 🖍 os gizes de cera vermelhos de Carla.

b) Carla colocou todos esses gizes em uma sacola e sorteou um deles.

- Que cor de giz é muito provável de sair? _____
- Sair um giz cor de laranja é impossível ou improvável?
  _____
- O que se deve fazer para ser possível sortear um giz de cera amarelo?

3 Um jogo possui 52 cartas: 13 vermelhas, 13 verdes, 13 amarelas e 13 azuis. As cartas de cada cor são numeradas de 1 a 13.

- Agora, responda.

  a) Quantas cartas verdes com o número 7 há nesse jogo? _____

  b) Quantas cartas com o número 7 há ao todo? _____

  c) Retirando uma carta qualquer desse jogo (sem olhar), é impossível sair uma carta com o número 7?
  _____

  d) Sair uma carta verde com o número 7 é pouco provável ou muito provável? E sair uma carta numerada de 1 a 10?
  _____

- Converse com um colega sobre como vocês pensaram para responder às questões desta atividade.

Cálculo mental

1 A professora Daniela acampará com toda a sua turma do 2º ano. Ela calculou que precisará de 10 barracas, pois pretende colocar 3 alunos em cada barraca. Quantos alunos há na turma da professora Daniela?

Quantidade de barracas	1	2	3	4	5	6	7	8	9	10
Quantidade de alunos	3									

Há _____ alunos na turma da professora Daniela.

2 Marcos e seus amigos doarão 10 caixas cheias de brinquedos para um orfanato. Se cada caixa pesa cerca de 5 quilogramas, as 10 caixas pesam aproximadamente quantos quilogramas no total?

Quantidade de caixas	1	2	3	4	5	6	7	8	9	10
Massa em quilogramas	5									

No total, as 10 caixas pesam _____ quilogramas, aproximadamente.

3 Complete o quadro com as multiplicações e os resultados obtidos multiplicados por 10.

1 × 2	2 × 2	3 × 2	4 × 2	5 × 2	10 × 2
2					
20					

× 10 →

4 Use a reta numérica para responder às questões.

a) Quantos saltos de 6 há entre 0 e 24? _____

b) Quantos saltos de 5 existem entre 0 e 50? _____

5 Em um pacote, há 3 figurinhas. Pedro comprou 4 desses pacotes. João comprou o dobro dessa quantidade, e Rafaela comprou a metade dos pacotes adquiridos por Pedro. Quantas figurinhas cada criança comprou?

ARTUR FUJITA

Pedro comprou _____ figurinhas.

João comprou _____ figurinhas.

Rafaela comprou _____ figurinhas.

O que você aprendeu

1. Calcule a quantidade de livros das três prateleiras.

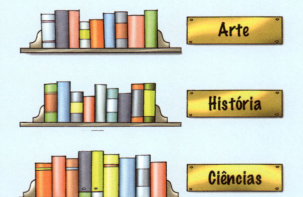

___9___ + _____ + _____ = _____

_____ × _____ = _____

Há _____ livros nas prateleiras.

2. Complete o quadro de multiplicações.

×	1	2	3	4	5	6	7	8	9	10
1	1	2							9	
2					10					
3		6		12				24		
4										
5		10							45	

- Converse com um colega sobre as regularidades observadas em cada fileira (horizontal ou vertical) desse quadro.

3. Com 1 pacote de farinha de trigo, Amanda faz 4 pães. Na semana que vem, ela fará 12 desses pães para vender.

De quantos desses pacotes de farinha de trigo Amanda precisará para fazer os pães?

_____

4 Calcule cada multiplicação e pinte de acordo com a cor indicada.

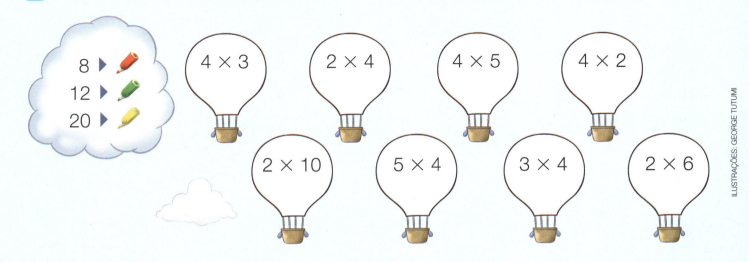

5 Pedro estava utilizando uma calculadora para fazer multiplicações. Ele apertou a tecla 7 , depois a tecla × e se esqueceu da tecla que apertou em seguida. Mas, quando apertou a tecla = , o resultado da multiplicação foi 21. Qual foi a tecla que Pedro não se lembra que apertou? _____

6 Calcule os resultados para formar uma sequência numérica.

Quebra-cuca

Um cachorro pegou 3 sacos com a mesma quantidade de bolinhas de ração em cada um. Para cada bolinha de ração que comeu, ele deu um latido. Após ter comido todas as bolinhas de ração dos 3 sacos, o cachorro havia dado 27 latidos.

- Pinte os 3 sacos que o cachorro pegou.

cento e quarenta e cinco **145**

UNIDADE 6
Grandezas e medidas

Para começar...

Amélia e Daniel estão visitando algumas lojas.

- O relógio na loja de sucos está marcando 10 horas da manhã ou 10 horas da noite?
- Você é mais alto ou mais baixo que as varas de pescar à venda?

Medidas de comprimento

Unidades não padronizadas

Antônio e João estão levantando paredes.

Comprimento da parede de Antônio

Comprimento da parede de João

a) O comprimento da parede de Antônio corresponde à medida do comprimento de _____ tijolos.

b) O comprimento da parede de João corresponde à medida do comprimento de _____ tijolos.

Atividade

Os garotos vão jogar futebol. Para construir cada gol, eles decidiram usar duas latas separadas pelo comprimento de 6 pés.

Gol de Marcos

Gol de Abel

a) Quem tem o pé maior: Marcos ou Abel?

_____

b) Você acha certo que os gols de Marcos e de Abel fiquem com larguras diferentes?

O que poderia ter sido feito para que esses gols não ficassem com larguras diferentes? Use o que você **já sabe** para responder.

O centímetro

Os desenhos a seguir podem ser medidos com uma régua graduada em centímetros.

1 centímetro

Indique a quantidade de centímetros que corresponde ao comprimento de cada desenho.

O comprimento do desenho da motocicleta tem _____ centímetros.

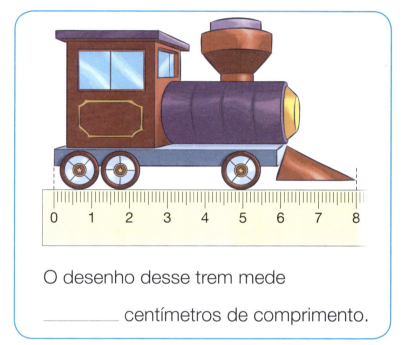

O desenho desse trem mede _____ centímetros de comprimento.

Indicamos 1 centímetro por: 1 cm

Atividade

Escolha o instrumento de medição – régua, fita métrica ou trena – que você usaria para medir o comprimento em cada caso.

As imagens nestas páginas não estão apresentadas em escala de tamanho.

a) Comprimento de uma lapiseira ▶ _____

b) Comprimento de uma corda ▶ _____

c) Comprimento do contorno do pulso ▶ _____

O metro

Para expressar a altura de uma pessoa e o comprimento de muitas outras coisas, podemos usar a unidade de medida **metro**. Observe a cena.

- Agora, responda às questões.

a) Quem tem menos de 1 metro de altura nessa cena?
_____

b) Quem tem mais de 1 metro de altura? _____

c) O muro verde-claro da cena tem quantos metros a mais de altura que o garoto de camiseta azul? _____

> Indicamos 1 metro por: 1 m

Atividades

1 Estime as medidas e complete com **mais de** ou **menos de**.

a) Meu braço tem _____ 1 metro de comprimento.

b) A porta da sala de aula tem _____ 1 metro de altura.

c) Minha carteira escolar tem _____ 1 metro de altura.

2 Cite 3 animais que têm mais de 1 metro de altura.
_____

O milímetro

Marcos tentou medir somente a ponta de seu lápis.

Ele percebeu que a ponta era muito pequena, menor que um centímetro. Então, Marcos escolheu o milímetro para expressar a medição.

- Qual é a medida da ponta do lápis de Marcos em milímetros?

_____

> Indicamos 1 milímetro por: 1 mm

Atividades

1 Contorne as ilustrações em que o milímetro é a unidade de medida mais adequada para expressar o comprimento do objeto.

Caderno

Botão

Grão de arroz

Lantejoula

Prédio

Os elementos nesta página não estão apresentados em escala de tamanho.

- Em quais outros objetos você expressaria comprimentos com milímetros?

_____

2 Os milímetros também podem ser utilizados para expressar medidas de pequenas espessuras.

Folha de papel

Moeda

Azulejo

- Qual desses objetos você acha que possui menor espessura?

_____

cento e cinquenta e um **151**

Compreender problemas

Para resolver

Leia e resolva os problemas considerando a planta da cozinha e o esquema.

Problema 1

A planta a seguir representa a cozinha da casa de Leonardo. Qual é a medida da largura da porta dessa cozinha?

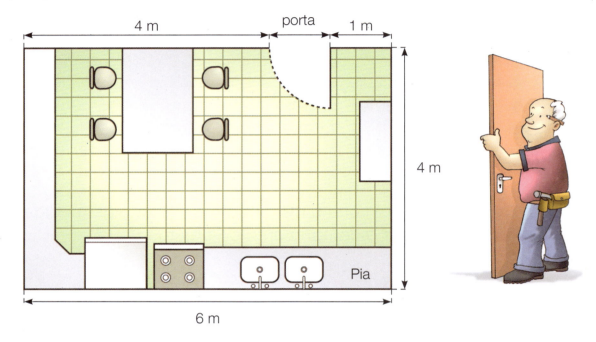

A porta da cozinha tem _____ metro de largura.

Problema 2

Andreza, Juliana e Willian estão caminhando em uma pista. De acordo com os dados do esquema abaixo, qual é a distância entre Willian e Juliana?

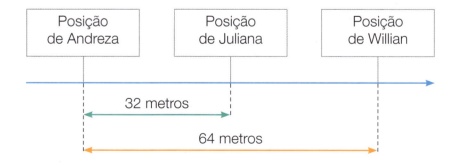

A distância entre Willian e Juliana é _____ metros.

Para refletir

1 No *Problema 1*, a parede à direita da pia mede 4 metros de comprimento. Se essa medida fosse diferente, a resposta do problema mudaria? Por quê?

_____

_____

2 Leia ao lado como Caio pensou para resolver o *Problema 1*.

Quatro menos um é igual a três. Seis menos três é igual a três. A porta mede três metros de comprimento.

- Essa resolução está correta? Por quê?

_____

_____

3 Observando apenas as informações do esquema do *Problema 2*, o que você pode saber sem fazer cálculos? Marque com um **X**.

☐ A distância total da caminhada.

☐ A distância já percorrida por Andreza.

☐ Quantos metros separam Andreza de Juliana e Andreza de Willian.

4 No esquema do *Problema 2*, se Willian estivesse posicionado mais à direita, o que aconteceria com a distância entre Andreza e Juliana?

_____

5 Modifique as informações do *Problema 2* para que a resposta dele seja 30 metros.

Distância entre Andreza e Juliana: _____ metros.

Distância entre Andreza e Willian: _____ metros.

Medidas de massa e de capacidade

O grama e o quilograma

Observe as imagens ao lado e responda às questões.

a) Quantos quilogramas tem o pacote de açúcar? _____

b) O pacote de arroz tem mais de 1 quilograma ou menos de 1 quilograma? _____

c) Quantos gramas tem o pacote de amendoim? _____

d) O pacote de orégano tem mais de 500 gramas ou menos de 500 gramas? _____

> Indicamos 1 quilograma por: 1 kg
> Indicamos 1 grama por: 1 g

Atividades

1 Calcule mentalmente e complete a frase.

O filho de Karina nasceu com 3 kg. Depois de dois meses, quando foi ao pediatra, ele já estava com 5 kg.

O bebê engordou _____ kg.

2 Fábio foi à feira para comprar temperos. Comprou 10 g de pimenta-do-reino, 20 g de alecrim e 15 g de colorau. Qual foi a massa total de temperos comprados por Fábio? _____

3 Observe a imagem e marque com um **X** a frase correta.

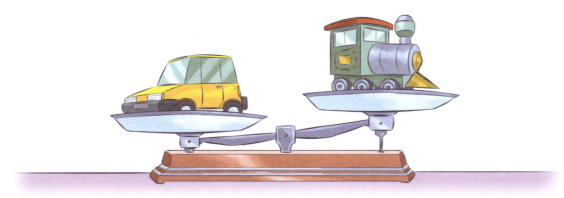

☐ O carrinho é mais pesado que o trenzinho.

☐ O trenzinho é mais pesado que o carrinho.

☐ O carrinho é mais leve que o trenzinho.

• Explique para um colega como você pensou para marcar a frase correta e ouça a explicação dele.

4 Observe a melancia, a maçã e a jabuticaba nas balanças e faça o que se pede.

a) Qual das três frutas tem a menor massa? _____

b) A maior massa pertence a qual fruta? _____

O litro e o mililitro

Observe e pinte os recipientes de acordo com a legenda.

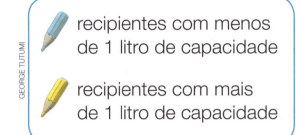

- 🖊️ (azul) recipientes com menos de 1 litro de capacidade
- 🖊️ (amarelo) recipientes com mais de 1 litro de capacidade

Indicamos 1 litro por: 1 L

Indicamos 1 mililitro por: 1 mL

Atividades

1 Marque com um **X** os produtos que costumam ser vendidos em mililitros, unidade de medida usada para representar capacidades menores que 1 litro.

Os elementos nesta página não estão apresentados em escala de tamanho.

2 Observe os recipientes abaixo e, em seguida, faça o que se pede.

a) Qual recipiente tem menor capacidade? Contorne-o.

b) Explique para um colega como você chegou à resposta da pergunta anterior.

3 Daniel e Eduardo compraram garrafas iguais de suco de uva. Cada um despejou o conteúdo de sua garrafa em alguns copos. Observe e responda.

a) Quantos copos cada um encheu com suco?

_____

b) Por que, apesar de a quantidade de suco ser igual nas garrafas, a quantidade de copos enchidos por Daniel e Eduardo foi diferente?

4 Cada garrafa do quadro abaixo tem capacidade para 2 litros de suco. Complete com 1 litro, mais de 1 litro ou menos de 1 litro.

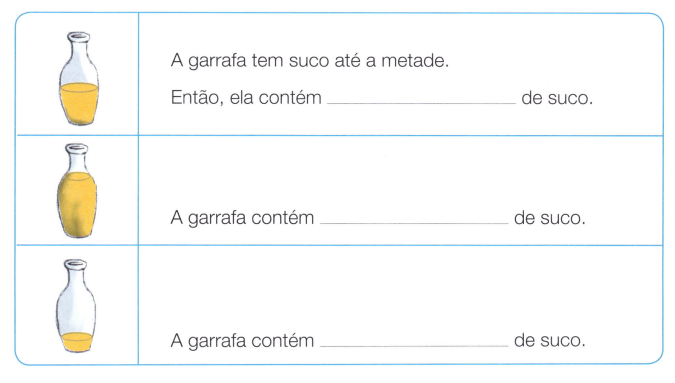

cento e cinquenta e sete **157**

TEMA 3 — Medidas de tempo

Horas

Observe o relógio que fica na sala da casa de Cláudio.

No começo do filme, o relógio marcava:	No fim do filme, o relógio marcava:

- Quanto tempo durou o filme a que ele assistiu? _____

Indicamos 1 hora por: 1 h

Atividades

1 Complete com **mais** ou com **menos** em cada caso.

a) Lavar as mãos demora _____ de 1 hora.

b) Uma partida de futebol dura _____ de 1 hora.

c) Escovar os dentes leva _____ de 1 hora.

2 Leia e complete.

O relógio digital marca 14 horas e o de ponteiros marca 2 horas, ou seja, 2 horas depois do meio-dia ou 2 horas da tarde.

Às 12 horas, dizemos que é meio-dia. Após o meio-dia, de hora em hora, o relógio digital marca: 13 h, 14 h, ____, ____, ____, ____, ____, ____, ____, ____, 0 h.

Dias

Leia o que os policiais Marcelo e Renato estão dizendo e faça o que se pede.

a) O plantão de Marcelo vai durar _____ horas.

b) Quantas horas Marcelo terá de folga após o plantão? _____

> Um período de 24 horas corresponde a 1 **dia**.

Atividades

1. Em cada situação, escreva se o período de tempo indicado é maior que 1 dia ou menor que 1 dia.

   a) Renata ficou em jejum por 12 horas para fazer exame de sangue.

   _____

   b) Marina comprou uma cama em uma loja e foi informada de que a entrega ocorreria em 36 horas.

   _____

2. Escreva 4 atividades que você faz todos os dias.

Semanas

Veja os pratos principais que Raquel serve em seu restaurante semanalmente. Depois, complete, considerando que hoje é quarta-feira.

Dia da semana	Prato principal
Domingo	Frango a passarinho
Segunda-feira	Arroz de carreteiro
Terça-feira	Macarronada
Quarta-feira	Feijoada
Quinta-feira	Moqueca
Sexta-feira	Legumes especiais
Sábado	Costela de tambaqui

a) Hoje é quarta-feira e o prato principal é _____.

b) O prato principal servido ontem foi _____ e o de amanhã será _____.

c) Cada prato principal é servido novamente após _____.

> Um período de 7 dias é chamado **semana**.

Atividades

1 Complete.

a) 2 semanas são _____ dias.

b) 3 semanas são _____ dias.

c) 4 semanas são _____ dias.

2 Guilherme pratica natação às terças-feiras e às quintas-feiras. Na semana passada, a terça-feira foi dia 21. Que dia foi a quinta-feira da semana passada? _____

Meses e anos

Observe o calendário e faça o que se pede.

a) No calendário, contorne o Dia da Criança.

b) Reúna-se com um colega e, juntos, descubram quantos meses inteiros faltam para o último dia do ano.

> Um período de 12 meses é chamado **ano**.

Atividades

1. Responda às questões.

   a) Qual é sua idade em anos? _____

   b) Já se passaram quantos meses desde seu último aniversário?
   _____

2. Quantos anos há em um período de 36 meses? _____

cento e sessenta e um

Vamos jogar?

Competição animal

PARA JOGAR MUITAS VEZES

Material: 12 cartas da Ficha 29.

Jogadores: 2, 3 ou 4.

Regras:

- As 12 cartas são embaralhadas e repartidas igualmente entre os jogadores.
- Cada um coloca as cartas em sua frente voltadas para baixo, formando um monte.
- Os jogadores decidem quem começará a partida.
- A cada rodada, todos os jogadores pegam a carta de cima de seu monte.
- Cada jogador, na sua vez, escolhe uma das três medidas (de comprimento, de massa ou de tempo de gestação) do animal representado na carta e a informa em voz alta.
- Os outros jogadores devem ler a medida correspondente na sua carta. Quem tiver a maior medida ficará com as cartas usadas na rodada, colocando-as embaixo de seu monte. Veja um exemplo de uma rodada:

- O jogo prossegue com o próximo jogador à esquerda, que escolherá uma das medidas do animal da 1ª carta de seu monte.
- Quando um jogador ficar sem cartas, sairá do jogo.
- O vencedor será o jogador que ficar com todas as cartas.

Depois de jogar

1 Qual é o animal mais pesado das cartas do jogo? E o mais leve? _____

2 Qual é a diferença entre a massa, em quilogramas, do animal mais pesado e a do mais leve? _____

3 Imagine que você tenha a carta com a lontra. Escolha uma medida que lhe permita ganhar do jogador que tenha a carta com o bugio.

Lontra — Medidas	
Massa	15 kg
Tempo de gestação	56 dias
Comprimento (sem a cauda)	66 cm

Bugio — Medidas	
Massa	7 kg
Tempo de gestação	187 dias
Comprimento (sem a cauda)	63 cm

4 Em quais medidas a onça-pintada vence o jupará?

_____

5 Nesta rodada, o menino de camiseta azul escolherá uma medida do animal de sua carta. Por que ele está comemorando?

cento e sessenta e três **163**

TEMA 4 — Sistema monetário

Cédulas do real

Contorne a menor quantidade de cédulas necessárias para formar 174 reais.

- Você sabia que é possível formar a mesma quantia usando outra quantidade de cédulas? Escreva duas possibilidades e compare com as de um colega.

Atividades

1 Observe os brinquedos e o preço de cada um.

Boneca — 38 reais
Trem — 45 reais
Peteca — 24 reais

As imagens nesta página não estão apresentadas em escala de tamanho.

a) Qual é o brinquedo mais caro? _____

b) Com 100 reais, seria possível comprar os 3 brinquedos? _____

2 Flaviana faz bolachas decoradas para vender. Ela vende caixinhas com 10 bolachas cada por 25 reais.

Nesta semana, Flaviana vendeu 4 caixinhas de bolacha. Quantos reais ela recebeu pelas caixinhas vendidas? _____

3 Gregório foi ao cinema com seus 3 sobrinhos. Antes de entrarem na sala do cinema, ele comprou 3 pacotes de pipoca.

a) Quantos reais custaram os 3 pacotes de pipoca? _____

b) Qual foi a quantia gasta por Gregório com os ingressos dele e de seus sobrinhos? _____

c) Ao todo, quantos reais Gregório gastou com os pacotes de pipoca e os ingressos? _____

4 Gabriel tem 1 cédula de 50 reais e Clara tem 2 cédulas de 20 reais.

a) Quem possui mais cédulas? _____

b) Quem tem a maior quantia em reais? _____

c) O que você pode concluir com as respostas dos itens **a** e **b**?

A Matemática me ajuda a ser...

... um conhecedor de cédulas e moedas

Você já prestou atenção nas cédulas e moedas que usamos para comprar as coisas? No Brasil, o dinheiro tem valor em real. As cédulas e moedas têm cores e tamanhos variados.

A história do dinheiro

Antes da existência do dinheiro, as pessoas trocavam as coisas que tinham pelos produtos que queriam. Mais de 2 mil anos atrás, surgiram as moedas. Depois, apareceram as cédulas. Com elas, comprar e vender produtos ficou muito mais fácil.

Do que são feitas?

As cédulas são feitas de um tipo especial de papel, mais resistente e áspero que o papel comum. Mas é preciso tomar cuidado para não as rasgar, rabiscar ou sujar. Já as moedas são feitas de aço, que não enferruja, e duram mais tempo que as cédulas.

De onde vêm?

Quem fabrica cédulas e moedas é a Casa da Moeda do Brasil. E quem decide quanto dinheiro vai ser fabricado é o Banco Central do Brasil. A fabricação do dinheiro é muito rigorosa. Produzir uma cédula de 10 reais custa mais ou menos 20 centavos de real.

Moedas comemorativas dos Jogos Olímpicos Rio 2016.

Dinheiro colecionável

Em datas comemorativas, a Casa da Moeda produz cédulas e moedas especiais. Elas podem ter cores, tamanhos e valores diferentes das cédulas e moedas comuns. São tão raras que algumas pessoas fazem coleção.

Verdadeiras ou falsas?

Para saber se uma cédula é verdadeira, é preciso observar alguns detalhes. Com uma lente de aumento, dá para notar números bem pequenos impressos nela. Se você colocar a cédula perto de uma lâmpada, vai achar a figura de um animal e outros números escondidos.

Tome nota

1) Quem fabrica as cédulas e as moedas brasileiras?

_____

2) Qual é o custo aproximado para produzir uma cédula de 10 reais?

_____

Reflita

Pesquise outros elementos para identificar se uma cédula é verdadeira.

Fontes: Casa da Moeda do Brasil. Disponível em: <http://mod.lk/moeda>;
Banco Central do Brasil. Disponível em: <http://mod.lk/bcentral>. Acessos em: 9 abr. 2018.

Compreender informações

Organizar dados em tabelas

1. Veja a remessa de violões, pandeiros, flautas e violinos que uma loja de instrumentos musicais recebeu em janeiro de 2018.

O gerente da loja começou a anotar as quantidades em uma lista para depois organizar uma tabela.

a) Termine de completar a lista com a quantidade de cada tipo de instrumento.

Violinos: 2
Violões:
Flautas:
Pandeiros: 3

b) Agora, complete a tabela.

Instrumentos musicais recebidos

Instrumento	Violino	Flauta		Pandeiro
Quantidade				

Fonte: Loja de instrumentos musicais (jan. 2018).

c) Nessa remessa, que tipo de instrumento foi comprado pela loja em maior quantidade? _____

d) Quantos violinos falta comprar para atingir a quantidade de violões dessa remessa? _____

e) Há instrumentos cuja quantidade é o dobro da quantidade de outro nessa remessa? Quais? _____

2 Doze de agosto é o Dia Nacional das Artes. A professora de Marta organizou, em agosto, uma semana dedicada às artes.

a) Leia o que diz Marta e complete a tabela com a distribuição das aulas nessa semana.

Todos os dias há 5 aulas e para cada tipo de aula há um único dia com 3 aulas.

Aulas na semana dedicadas às artes

Dia da semana / Tipo de aula	Seg.	Ter.	Qua.	Qui.	Sex.
Dança e música		2	2		3
Pintura e desenho	2			1	2
Teatro e cinema	2	0		2	

Fonte: Professora de Marta (ago. 2018).

b) Quantas aulas de dança e música Marta teve na segunda-feira?

E de teatro e cinema? _____

c) Marta teve quantas aulas de pintura e desenho na terça-feira?

E na sexta-feira? _____

d) Houve algum dia da semana em que ela não teve aula de teatro e cinema?

Se houve, qual foi esse dia? _____

e) Que modalidade teve mais aulas nessa semana? _____

3 Faça uma pesquisa, colete o mês do aniversário dos alunos de sua turma, inclusive o seu. Depois, organize as informações em uma tabela que mostre quantos alunos da turma faz aniversário em cada mês.

cento e sessenta e nove

Pratique mais

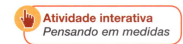
Atividade interativa
Pensando em medidas

1 Complete as adições e os horários nos relógios digitais.

	Antes do meio-dia	Após o meio-dia	
🕑	02:00	_12_ + _2_ = _14_	14:00
🕒		_12_ + ___ = ___	
🕓		___ + ___ = ___	

2 Complete com o nome do instrumento de medição adequado.

Júlia fez um bolo bem grande. Ela usou 1 litro de leite, medido com _____, e 1 quilograma de farinha, medido com _____.

Depois deixou a massa no forno por 1 hora, medida com _____.

Balança

Relógio

Jarra graduada

3 Observe as ilustrações e responda às questões.

Paulo

Antônio

Gabriela

a) Quem é mais pesado? _____

b) Quem é mais leve? _____

c) Quantos quilogramas as três crianças têm juntas? _____

Cálculo mental

1. Pedro marcou no calendário os dias em que ele foi ao parque no mês de julho.

   Repare que os quadrinhos pintados seguem um padrão: Pedro foi ao parque a cada 3 dias começando no dia 1.

   Escreva a sequência numérica que representa os dias em que Pedro foi ao parque.

   _____

   _____

2. Os amigos de Pedro também pintaram em um calendário os dias em que eles foram ao parque no mês de julho. Porém, no calendário deles não é possível ver os dias. Observe atentamente e escreva a sequência numérica que representa os dias em que cada um deles foi ao parque.

   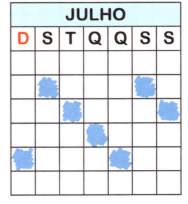

   a) É possível que Pedro tenha se encontrado, no parque, com Marcos em algum dia? _____

   b) Juliana encontrou Pedro no parque. Em qual dia ela pode ter se encontrado com Pedro? _____

O que você aprendeu

1. Complete com a unidade de medida adequada: metro ou centímetro.

   a) A altura de um prédio pode ser 25 _____.

   b) A gaveta do meu armário tem largura de 40 _____.

   c) Priscila tem 1 _____ e 52 _____ de altura.

 2. Escreva os horários nos relógios digitais. Depois, responda às questões.

a) Se no dia seguinte Isabela acordou no mesmo horário, quantas horas ela dormiu? _____

b) Se Isabela dormir essa mesma quantidade de horas por 3 noites, ela terá dormido mais ou menos de 24 horas?

_____

3 Observe o que Luís está dizendo e responda à questão.

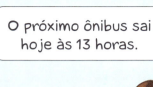
O próximo ônibus sai hoje às 13 horas.

- Quanto tempo falta para o próximo ônibus partir?

_____

4 Observe as balanças em equilíbrio e responda à questão.

- Sabendo que as caixas têm massas iguais, quantos quilogramas tem a bola?

_____

Luana vende leite em garrafas de meio litro. Ela tem um garrafão com 2 litros de leite. Quantas dessas garrafas ela pode encher com o leite desse garrafão sem que sobre leite?

 Faça um desenho para representar a solução do problema.

cento e setenta e três **173**

UNIDADE 7
Operando com números naturais

Para começar...

- Você conhece os produtos que estão disponíveis nas mesas?
- Quais produtos você acha que são necessários para cuidar de um cachorro?

RAÇÃO SABOROSA

ALIMENTO PARA CÃES

Para refletir...

Em cada *kit* cabem 2 sacos de ração, quantos *kits* são necessários para guardar os 40 sacos de ração que estão em uma das mesas? _____

Adição e subtração

Regularidades

Complete o quadro com os números que estão faltando.

+	1	2	3	4	5	6	7	8	9
1	2	3	4	5	6	7	8	9	10
2	3			6	7	8	9	10	
3	4			7	8	9	10		
4	5			8	9	10			
5	6	7	8	9	10				
6	7	8	9	10					
7	8	9	10	11					
8	9	10	11	12					
9	10	11	12	13					18

 a) Agora, pinte os números iguais com a mesma cor.

 b) Converse com seus colegas sobre o que vocês observaram no quadro.

Atividades

1. Calcule o resultado de cada operação e, em seguida, faça o que se pede.

21 + 9 = ☐   34 + 6 = ☐   42 + 8 = ☐

53 + 7 = ☐   65 + 5 = ☐   76 + 4 = ☐

 • Converse com seus colegas sobre os resultados das adições e as estratégias utilizadas para resolver cada operação.

2 Ligue cada quadrinho amarelo ao resultado da operação contida nele.

22 − 10 =

18 − 6 =

25 − 15 =

12

10 − 2 =

8

26 − 11 =

24 − 12 =

15 − 5 =

19 − 4 =

10

30 − 15 =

15

28 − 20 =

35 − 25 =

20 − 5 =

3 Complete os quadros com as operações ou os resultados que faltam.

	30
47 − 5	
110 − 10	
178 − 177	

317 − 115	
	6
	7
16 − 14	

4 Complete com os números que estão faltando nas adições e subtrações a seguir.

a) 14 + ☐ = 21

b) ☐ + 13 = 23

c) 129 + ☐ = 140

d) 132 − 8 = ☐

e) 188 − ☐ = 187

f) ☐ − 5 = 232

cento e setenta e sete **177**

5 Complete a sequência com os números que estão faltando.

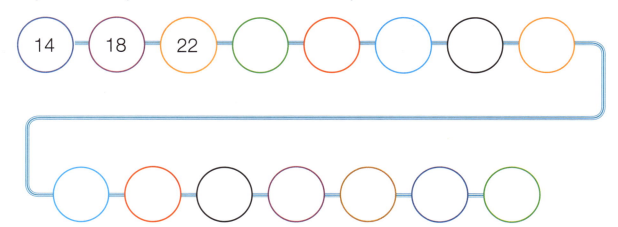

- Qual é a regularidade dessa sequência?

_____

6 Observe a sequência de flores e faça o que se pede.

a) Qual seria a cor da próxima flor? _____

b) Converse com seus amigos sobre outras maneiras de compor essa sequência de flores.

7 Calcule o resultado de cada operação para completar a sequência.

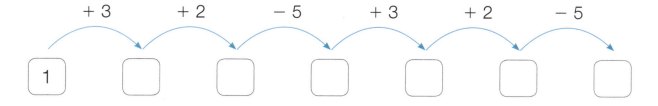

- Converse com seus colegas sobre a sequência que foi construída com o resultado de cada operação. O que vocês perceberam?

8 Agora é a sua vez de criar uma sequência. Escolha uma regra e crie uma sequência de números no espaço abaixo.

a) Qual seria o próximo número da sua sequência? ▢

b) Qual é a regra da sequência que você criou?

_____

_____

c) Observe a sequência criada por seus colegas e tente descobrir quais foram as regras escolhidas.

9 Calcule os resultados das operações.

a) 27 − 13 = _____   e) 21 + 11 = _____   i) 27 − 14 = _____

b) 14 + 13 = _____   f) 32 − 11 = _____   j) 32 − 21 = _____

c) 38 − 16 = _____   g) 14 + 25 = _____   k) 16 + 22 = _____

d) 38 − 22 = _____   h) 39 − 14 = _____   l) 39 − 25 = _____

- Observe os números das operações e os respectivos resultados. O que você percebeu?

_____

_____

Adição com reagrupamento

- Cláudio comprará 36 melancias e 17 melões para vender em sua quitanda. Quantas frutas ele comprará no total?

Cálculo com o Material Dourado

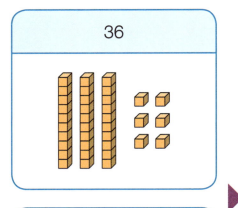

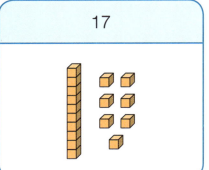

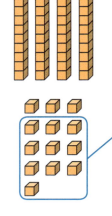

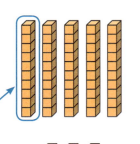

36 + 17 = _____

Cálculo por decomposição

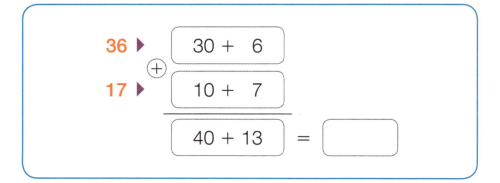

Posso trocar 10 unidades por 1 dezena! Essa troca é chamada de reagrupamento.

Animação
Adição com reagrupamento

180 cento e oitenta

Cálculo com o ábaco

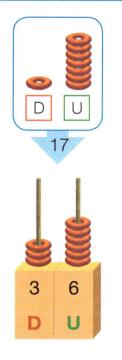

Temos de trocar 10 unidades por 1 dezena.

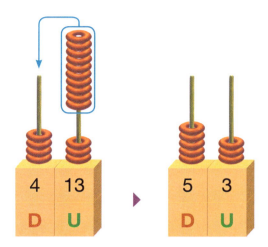

Cálculo com o algoritmo usual

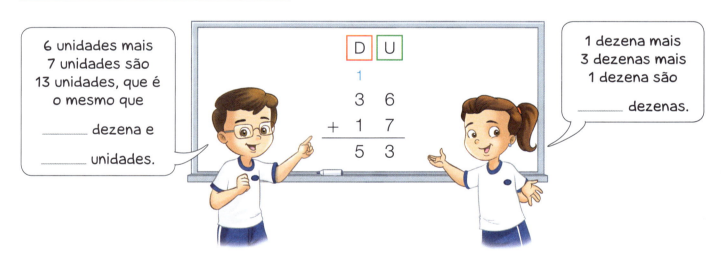

6 unidades mais 7 unidades são 13 unidades, que é o mesmo que _____ dezena e _____ unidades.

1 dezena mais 3 dezenas mais 1 dezena são _____ dezenas.

Adição ▶ 36 + 17 = _____

Cláudio comprará _____ frutas no total.

- Cláudio também comprará 45 quilogramas de batata e 29 quilogramas de cenoura para a quitanda. Quantos quilogramas de legumes ele comprará no total?

Cláudio comprará _____ quilogramas de legumes no total.

cento e oitenta e um

Atividades

1 Observe como cada aluno resolveu a adição 35 + 26 e responda.

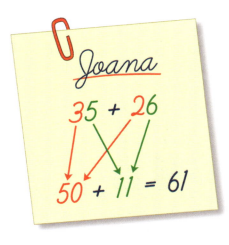
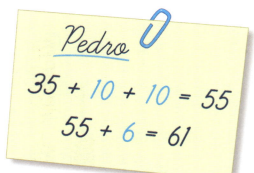
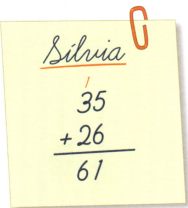

a) O que significam os algarismos 3 e 2 no cálculo de Joana?

b) De onde saíram os números 10 e 6 no cálculo de Pedro?

c) Por que Sílvia colocou o algarismo 1 sobre o 3?

_____

_____

_____

_____

2 Calcule o resultado das adições.

a) D U

```
    3 4
+   2 8
-------
```

b) D U

```
    5 7
+   1 6
-------
```

c) D U

```
    6 5
+   1 5
-------
```

d) D U

```
    4 3
+   3 9
-------
```

3 Em um colégio, foi feita uma campanha para ajudar um asilo. Os alunos do 2º ano A arrecadaram 18 cobertores, e os alunos do 2º ano B arrecadaram 24 cobertores. Quantos cobertores as duas turmas arrecadaram ao todo?

Represente o resultado no ábaco abaixo.

As duas turmas arrecadaram _____ cobertores ao todo.

4 Caminhando, Cláudio contornou uma vez o terreno mostrado abaixo, cuja forma é retangular.

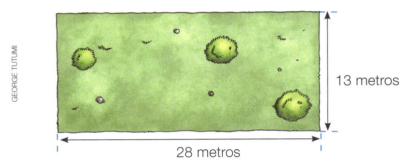

- Quantos metros Cláudio caminhou ao todo? _____.

5 Resolva as adições 35 + 37 e 27 + 44 de duas formas diferentes.

6 Resolva as atividades propostas nos adesivos 1 e 2 da Ficha 36.

cento e oitenta e três **183**

Subtração com reagrupamento

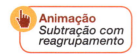

- Henrique trabalha como motorista em uma distribuidora de refrigerantes. Ontem ele distribuiu 43 caixas de refrigerante para dois supermercados. Em um deles, foram entregues 27 caixas. Quantas caixas de refrigerante foram entregues no outro supermercado?

Cálculo com o Material Dourado

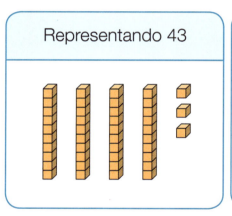

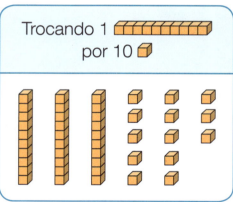

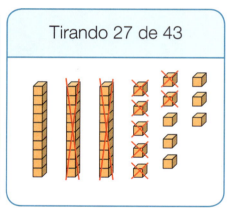

43 − 27 = _____

Cálculo por decomposição

43 ▶ 40 + 3 ▶ 30 + 13
−
27 ▶ 20 + 7 ▶ 20 + 7
_____
10 + 6 = ☐

Cálculo com o ábaco

Ábaco

Vamos tirar __27__ de _____.

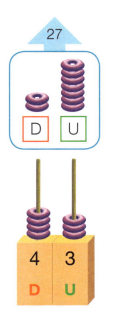

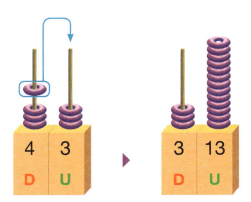

Não dá para tirar 7 unidades de 3 unidades. Temos de trocar 1 dezena por 10 unidades.

Subtraímos 7 unidades de 13 unidades e 2 dezenas de 3 dezenas.

Cálculo com o algoritmo usual

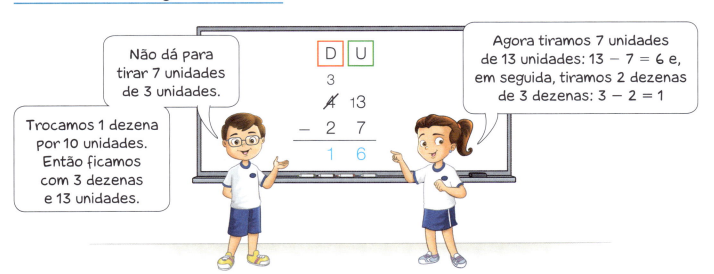

Não dá para tirar 7 unidades de 3 unidades.

Trocamos 1 dezena por 10 unidades. Então ficamos com 3 dezenas e 13 unidades.

Agora tiramos 7 unidades de 13 unidades: 13 − 7 = 6 e, em seguida, tiramos 2 dezenas de 3 dezenas: 3 − 2 = 1

Subtração ▶ 43 − 27 = _____

No outro supermercado foram entregues _____ caixas de refrigerante.

- Agora, escolha uma estratégia e calcule 43 − 16.

Atividades

1 Observe como cada criança calculou 65 − 48.

Não esconda suas dúvidas. **Pergunte** sempre!

Luciana
65 − 40 = 25
25 − 5 = 20
20 − 3 = 17

Marcos
65 − 50 = 15
15 + 2 = 17

Carla
$\overset{5}{\cancel{6}}5$
− 48
———
17

a) Por que Luciana tirou 5 e logo em seguida tirou 3?

b) Por que Marcos tirou 50 e logo em seguida adicionou 2?

c) O que significam o 5 e o 1 que Carla colocou próximo ao 65? Por que o 6 está riscado?

2 Calcule o resultado de cada subtração.

a) D U
   5 4
− 3 8

b) D U
   2 4
− 1 9

c) D U
   6 1
− 2 4

d) D U
   8 0
− 5 7

3 Resolva o problema e represente a resposta no ábaco.

O jardim da casa de Samanta está florido. Há 31 rosas e 18 cravos. Quantas rosas há a mais que cravos?

Há _____ rosas a mais que cravos.

4 Um professor tinha 49 cartolinas, mas precisava de 85 para fazer os enfeites de uma festa. Quantas cartolinas ele teve de comprar?

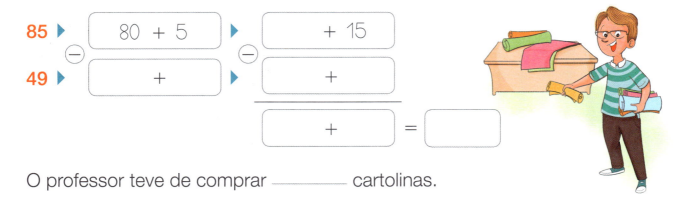

85 ▶ [80 + 5] ▶ [___ + 15]
(−)
49 ▶ [___ + ___] ▶ [___ + ___]

[___ + ___] = [___]

O professor teve de comprar _____ cartolinas.

5 Havia 80 canetas coloridas e 65 lápis de cor em uma papelaria. Foram vendidos 34 canetas e 47 lápis. Quantas canetas coloridas continuaram à venda? E quantos lápis de cor?

_____

6 Tânia tinha 63 reais quando foi às compras. Ao retornar para casa, tinha apenas 25 reais.
Quantos reais Tânia gastou?

_____

7 Calcule o resultado das subtrações de dois modos diferentes.
a) 73 − 45
b) 80 − 32

8 Resolva as atividades propostas nos adesivos 3, 4 e 5 da Ficha 36.

Problemas com duas operações

Artur tinha 41 figurinhas em seu álbum. Hoje seu pai lhe trouxe mais 23, nenhuma delas é repetida. Se o álbum de Artur estivesse completo, teria 96 figurinhas.

Quantas figurinhas ainda faltam para que Artur complete o álbum?

Para resolver esse problema, devemos primeiro descobrir com quantas figurinhas Artur ficou após ganhar 23 de seu pai. Para isso, fazemos a adição:

Quantidade de figurinhas que Artur tinha ▸ ☐
Quantidade de figurinhas que ganhou do pai ▸ + ☐
_____
☐

Após ganhar as figurinhas de seu pai, Artur ficou com _____ figurinhas.

Fazemos, então, uma subtração para descobrir quantas figurinhas ainda faltam para que Artur complete o álbum:

Quantidade de figurinhas do álbum completo ▸ ☐
Total de figurinhas que Artur tem ▸ − ☐
_____
☐

Ainda faltam _____ figurinhas para Artur completar o álbum.

Atividades

1 Lucas tinha 8 reais e ganhou mais 1 real de seu tio. Depois, ele comprou uma barra de chocolate por 2 reais. Que quantia sobrou para Lucas?

_____

2 Rosângela leu 12 páginas de um livro no sábado. No dia seguinte, ela leu mais 37 páginas.

a) Quantas páginas Rosângela leu ao todo nesses 2 dias? _____

b) Quantas páginas ela leu no 2º dia a mais que no 1º dia? _____

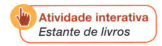

Atividade interativa
Estante de livros

3 Marcos está juntando dinheiro para comprar um brinquedo que custa 99 reais. Até ontem, ele tinha 39 reais. Hoje, seu irmão mais velho o presenteou com 30 reais em cédulas e 16 reais em moedas. Será que agora Marcos tem a quantia suficiente para comprar o brinquedo? Explique.

_____

_____

4 Resolva o problema proposto no adesivo 6 da Ficha 36.

TEMA 2. Multiplicação e divisão

Multiplicação

Leia o que Marcos está dizendo e complete.

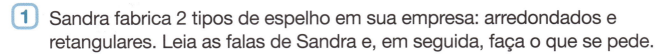

"Vou comprar estas 5 bandejas." — Marcos

Marcos comprará _____ bandejas com _____ ovos cada uma.

Quantos ovos ele comprará?

Adição ▶ __6__ + __6__ + _____ + _____ + _____ = _____

Multiplicação ▶ _____ × _____ = _____

Marcos comprará _____ ovos.

Atividades

1 Sandra fabrica 2 tipos de espelho em sua empresa: arredondados e retangulares. Leia as falas de Sandra e, em seguida, faça o que se pede.

a)

"Fabricarei 3 espelhos arredondados por dia durante 4 dias. Quantos espelhos arredondados fabricarei em 4 dias?"

__3__ + _____ + _____ + _____ = _____

_____ × _____ = _____

Sandra fabricará _____ espelhos arredondados em 4 dias.

b)

"Fabricarei 2 espelhos retangulares por dia durante 4 dias. Quantos espelhos retangulares fabricarei em 4 dias?"

__2__ + _____ + _____ + _____ = _____

_____ × _____ = _____

Sandra fabricará _____ espelhos retangulares em 4 dias.

2 Veja como Tadeu calculou o resultado de 5 × 1 com a ajuda da reta numérica.

Eu "andei" 5 vezes 1 unidade para a direita, começando do zero.

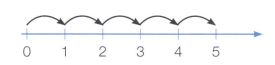

5 × 1 = _____

- Agora, faça como Tadeu, complete e calcule o resultado das seguintes multiplicações nas retas numéricas abaixo.

a)

5 × 2 = _____

b)

5 × 3 = _____

3 Calcule o total de figos ao lado.

_____ × _____ = _____

No total, há _____ figos.

4 Complete a sequência utilizando a calculadora.

1 ▶ 3 ▶ 9 ▶ ◯ ▶ ◯ ▶ ◯

- Quais teclas você utilizou? _____

cento e noventa e um

Distribuição

Fábio pediu ajuda a Bruno para distribuir sua coleção de brinquedos antigos entre seus sobrinhos.

Fábio: Tenho 24 brinquedos antigos e quero distribuir entre meus 8 sobrinhos. Não sei quantos brinquedos cada sobrinho vai receber.

Bruno: Se você der 2 brinquedos para cada sobrinho, serão 16 brinquedos distribuídos.

a) Quantos brinquedos antigos sobrarão se cada sobrinho receber 2 brinquedos? _____

Fábio: Não podem sobrar brinquedos, e todos devem receber a mesma quantidade.

Bruno: Então você precisa distribuir mais do que 2 brinquedos para cada sobrinho.

b) Quantos brinquedos Fábio poderá distribuir para cada sobrinho de modo que não sobre nenhum?

_____

Atividades

1. Camila entregou 4 pacotes de figurinhas para cada uma de suas 6 amigas. Quantos pacotes de figurinhas ela tinha para distribuir entre suas amigas?

Camila tinha _____ pacotes de figurinhas.

2 Roberto distribuiu igualmente 6 canetas entre seus 3 netos. Com quantas canetas cada neto ficou?

A distribuição das canetas foi realizada em 2 etapas, conforme mostrado a seguir.

1ª etapa

Roberto distribuiu uma caneta para cada um de seus netos.

Roberto tinha __6__ canetas.

Ele **distribuiu** __3__ canetas.

Restaram ____ canetas.

2ª etapa

Novamente, Roberto distribuiu uma caneta para cada um de seus netos.

Roberto ainda tinha __3__ canetas.

Ele **distribuiu** as __3__ canetas.

Restou ____ caneta.

Cada neto ficou com ____ canetas.

3 De que modo você distribuiria 18 balas para 4 pessoas?

- Se cada pessoa precisasse receber a mesma quantidade de balas, como você faria a distribuição?

Quantas vezes cabe

O caminho da entrada da casa de Marina tem 8 metros de comprimento. Seu pai, Clóvis, quer revestir esse caminho com placas de concreto de 2 metros de comprimento cada uma. Quantas dessas placas colocadas lado a lado ele usará?

Placa de concreto

Caminho

2 metros

8 metros

O caminho mede ____8____ metros de comprimento.

Uma placa mede _____ metros de comprimento.

Clóvis usará _____ placas de _____ metros de comprimento para revestir o caminho de _____ metros de comprimento.

Atividades

1 Leia, complete o desenho e responda à questão.

Nossa sala tem 15 alunos. Quantos grupos de 5 alunos podem ser formados?

Grupos de alunos

Podem ser formados _____ grupos de 5 alunos.

2 João quer usar todo o seu dinheiro para comprar alguns presentes. Quantos dos presentes ao lado ele poderá comprar?

João poderá comprar _____ desses presentes.

3 Leia e marque com um **X** a alternativa correta.

☐ Marisa poderá comprar 4 ingressos, e sobrarão 2 reais.

☐ Marisa não poderá comprar os 4 ingressos, pois faltarão 3 reais.

☐ Marisa poderia comprar mais que 4 ingressos.

4 Reúna-se com um colega, observem a ilustração e completem as frases.

a) O tabuleiro tem _____ quadrinhos.

b) Cabem _____ peças azuis no tabuleiro.

c) Cabem _____ peças verdes no tabuleiro.

d) Cabem _____ peças amarelas no tabuleiro.

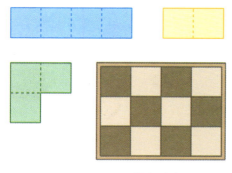

Tabuleiro

5 Destaque e resolva o problema proposto no adesivo 1 da Ficha 37.

cento e noventa e cinco

Número par ou número ímpar

Os meninos organizaram seus brinquedos.

Pedro organizou as _____ bolinhas de gude em grupos de 2 e não sobrou bolinha alguma.

Quando organizamos uma quantidade de objetos em grupos de 2 e não sobra nenhum, o número de objetos é **par**.

Portanto, o número _____ é **par**.

José organizou seus _____ carrinhos em grupos de 2, e sobrou 1 carrinho.

Quando organizamos uma quantidade de objetos em grupos de 2 e sobra 1, o número de objetos é **ímpar**.

Portanto, o número _____ é **ímpar**.

Atividades

1 Contorne os cães de 2 em 2 e responda.

a) Sobrou algum cão? _____

b) Qual é o número total de cães? _____

c) O número de cães é par ou ímpar? _____

2 Marque com um **X** a criança que venceu no par ou ímpar.

a)

b)

3 Observe, na ilustração ao lado, as crianças brincando de dança das cadeiras e responda às questões.

a) O número de crianças que estão participando da brincadeira é par ou ímpar?

_____

b) E o número de cadeiras é par ou ímpar?

_____

4 A ilustração ao lado mostra a vista superior de um ônibus com os assentos numerados.

a) Os assentos que ficam no corredor do ônibus correspondem a números pares ou ímpares?

_____

b) E os assentos ao lado das janelas?

_____

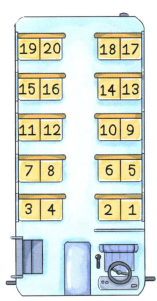

 5 Destaque e resolva os problemas propostos nos adesivos 2 e 3 da Ficha 37.

cento e noventa e sete

Estratégias e representação da divisão

Alice quer guardar seus livros distribuindo-os igualmente nas prateleiras da estante do seu quarto. Quantos livros ela deverá guardar em cada prateleira?

Alice tem ___15___ livros.

Ela distribuirá os livros em ___3___ prateleiras.

Alice deverá guardar _____ livros em cada prateleira.

15 dividido por 3 é igual a 5.

Divisão ▶ 15 ÷ 3 = 5

O símbolo da divisão é: ÷

Atividades

1 Leia e complete.

Cada um de nós deve ganhar a mesma quantidade de carrinhos para brincar. Quantos carrinhos cada um ganhará? Não podem sobrar carrinhos!

Há _____ carrinhos

e _____ crianças.

_____ ÷ _____ = _____

Cada criança ficará com _____ carrinhos.

2 Efetue a divisão fazendo desenhos.

a) 18 ÷ 2   (| | | | | | | | |) (| | | | | | | | |)   18 dividido por 2 é igual a _____.

b) 21 ÷ 3   21 dividido por 3 é igual a _____.

c) 20 ÷ 4   20 dividido por 4 é igual a _____.

3 Marque com um **X** a divisão que resolve o problema abaixo.

Um professor tem 18 atividades de Matemática para distribuir igualmente entre 3 crianças. Quantas atividades cada criança receberá?

☐ 18 ÷ 3 = 6   ☐ 18 ÷ 9 = 2
☐ 18 ÷ 6 = 3   ☐ 18 ÷ 2 = 9

4 Veja as teclas que Ciro apertou na calculadora e o resultado que ele obteve:

Agora, escreva o resultado que obtemos ao apertar as teclas em cada caso.

a)

b)

c) 2 7 ÷ 9 = ☐

d)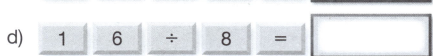

A Matemática me ajuda a ser...

... uma pessoa que economiza água

Cozinhar alimentos, dar a descarga e muitas outras atividades em casa, você sabe quantos litros de água gasta em 24 horas? No Brasil, usamos mais ou menos 160 litros por dia, mas 110 litros é o suficiente. Devemos pensar em maneiras de evitar o desperdício, para que nunca falte água em casa.

❶ Pia
Quando for ajudar a lavar a louça, tire os restos de comida dos pratos, panelas e talheres antes de colocar debaixo da torneira. Na hora de passar o detergente, a torneira pode ficar fechada.

❷ Jardim
Ao usar uma mangueira para molhar as plantas, você pode gastar até 180 litros de água. Para não desperdiçar, podemos fazer isso à noite, quando faz menos calor. Assim, a água evapora menos. Se você trocar a mangueira pelo regador, poderá economizar bastante.

❸ Tanque e máquina de lavar
Esta dica é para quem lava a roupa em casa: no tanque, é bom manter a torneira fechada na hora de ensaboar as peças de roupa; já na máquina, o ideal é colocar o máximo possível de roupa na mesma lavagem.

Fontes: Dicas de economia. Disponível em: <http://mod.lk/csabesp>; Organização Mundial da Saúde; Organização das Nações Unidas. Disponível em: <http://mod.lk/aguaonu>. Acessos em: 29 jun. 2018.

❹ Torneira do banheiro

Se uma pessoa escova os dentes na pia por 5 minutos com a torneira aberta, gasta 12 litros de água. Deixar a torneira fechada na hora de ensaboar as mãos e de escovar os dentes também ajuda a economizar. Não se esqueça de fechar bem a torneira quando terminar.

❺ Vaso sanitário

A descarga pode gastar, em média, 15 litros de água de uma só vez. Jogar lixo dentro da privada e acionar a descarga à toa faz com que o consumo seja ainda maior. O certo é dar a descarga apenas pelo tempo suficiente e jogar lixo na lixeira.

❻ Chuveiro

Um banho de 5 minutos em um chuveiro elétrico comum gasta cerca de 48 litros de água. Se o chuveiro for do tipo ducha, o consumo de água pode ser o dobro. O importante é não demorar muito no banho.

❼ Carro e calçada

Ficar meia hora lavando o carro com mangueira pode consumir 560 litros de água. Para essa e outras tarefas pesadas, como lavar a calçada, é mais indicado usar baldes.

Tome nota

Se uma pessoa usa o chuveiro elétrico uma vez ao dia durante 10 minutos em um banho, quantos litros de água serão gastos em uma semana?

Reflita

Sua família economiza água em casa? Converse com as pessoas que moram em sua casa sobre como podem ajudar a economizar água.

ILUSTRAÇÃO: MILTON RODRIGUES ALVES E LUIZ IRIA

duzentos e um

Compreender informações

Ler, interpretar e comparar informações em tabelas e gráficos

1. Uma distribuidora vende água mineral em 4 recipientes de capacidades diferentes. Veja na tabela a capacidade de cada recipiente e seu preço. Depois, faça o que se pede.

Venda de água mineral

Capacidade do recipiente	1 litro	2 litros	5 litros	20 litros
Preço de venda	3 reais	4 reais	10 reais	20 reais

Fonte: Distribuidora pesquisada (set. 2018).

a) Quanto custa cada litro de água mineral no recipiente de 20 litros? E no de 5 litros?

_____

_____

b) Levando em consideração os valores obtidos no item **a**, seria mais vantajoso comprar água no recipiente de 20 litros ou no de 5 litros? Explique.

_____

_____

_____

c) Contorne a menor quantidade de cédulas suficiente para pagar três recipientes de 2 litros de água mineral.

d) Considerando sua resposta no item **c**, haverá troco ou não ao fazer esse pagamento? Caso haja, de quanto será o troco?

2 A professora Jurema construiu um gráfico indicando a quantidade de alunos que obteve cada pontuação na gincana junina.

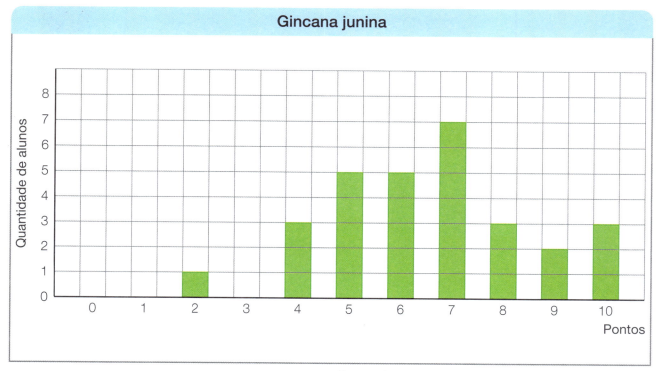

Fonte: Anotações da professora Jurema (jun. 2018).

a) Complete a tabela com os dados do gráfico.

Gincana junina

Pontos	0	1	2	3	4	5	6	7	8	9	10
Quantidade de alunos		0	1								

Fonte: Anotações da professora Jurema (jun. 2018).

b) Quantos alunos obtiveram a maior pontuação? _____

c) Qual foi a pontuação mais obtida? _____

d) Existe alguma pontuação que ninguém obteve? Quais?

_____

e) Teve mais alunos que obtiveram menos de 5 pontos ou mais de 5 pontos? _____

f) Explique para um colega como você pensou para responder ao item anterior.

duzentos e três **203**

Metade

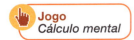

Sobre a mesa havia 10 iogurtes. Os filhos de Cícera tomaram metade dessa quantidade.

- Quantos iogurtes eles tomaram?

Havia ___10___ iogurtes sobre a mesa.

Eles tomaram _____ iogurtes.

___10___ é o **dobro** de _____ .

___5___ é a **metade** de _____ .

Atividades

1 Dirceu foi à feira e comprou 12 maçãs. Metade das maçãs era verde, e a outra metade, vermelha. Pinte as maçãs de Dirceu com  e  . Depois, responda às questões.

a) Quantas maçãs vermelhas Dirceu comprou? _____

b) Quantas maçãs verdes Dirceu comprou? _____

2 Desenhe a metade do dobro de 8 ovos.

3 Marque com um **X** a figura em que a quantidade de quadrinhos pintados não corresponde exatamente à metade da quantidade total de quadrinhos?

4 Veja os ingredientes da receita e escreva a quantidade necessária de cada ingrediente para fazer 40 hambúrgueres.

Hambúrguer caseiro
Rendimento: 80 unidades

Ingredientes
- 4 quilogramas de carne moída
- 2 cebolas pequenas picadas
- 4 ovos inteiros
- 2 colheres (de chá) de azeite
- 8 colheres (de sopa) de farinha de trigo
- sal a gosto
- pão para acompanhar

5 Elabore um problema empregando a palavra metade. Depois, dê seu problema para um colega resolver e resolva o problema criado por ele.

Terça parte

Há muitas crianças na fila querendo brincar no gira-gira do parque.
Um terço delas poderá entrar na próxima vez.

- Quantas crianças brincarão na próxima vez?

Há _____ crianças na fila.

Na próxima vez, brincarão _____4_____ crianças.

___12___ é o **triplo** de _____.   ___4___ é um **terço** de _____.

Atividades

1 Pinte um terço das figuras em cada caso e complete.

a) _____ é um terço de _____.
Um terço de 9 camisetas são _____ camisetas.

b) _____ é um terço de _____.
Um terço de 30 bolinhas são _____ bolinhas.

2 Aline comprou 24 peras na feira e quando chegou em casa usou a terça parte dessas peras para fazer um doce. Quantas peras Aline usou?

_____

3 Observe a ilustração e complete.

Há _____ pulseiras para repartir igualmente entre as _____ meninas.

_____ é um terço de _____.

Um terço de _____ pulseiras são _____ pulseiras.

Cada menina ficará com _____ pulseiras.

4 Calcule e, depois, encontre cada resultado no quadro de letras ao lado.

a) Um terço de seis.
b) Um terço de dezoito.
c) Um terço de vinte e um.
d) Um terço de três.

T	S	E	T	E	S	P	F
S	A	D	T	E	M	J	C
Y	F	X	O	U	M	Z	C
K	M	M	W	U	C	R	D
S	E	I	S	R	O	I	O
K	K	B	Y	O	D	L	I
N	H	H	Y	S	P	B	S

5 Os jabutis Mole, Lento e Vagaroso estavam dando voltas na praça.

a) De acordo com as dicas ao lado, quantos metros andou o jabuti Lento?

Dicas
- Mole percorreu 6 metros.
- Vagaroso andou 3 metros a mais que Mole.
- Lento andou um terço da distância percorrida por Vagaroso.

Lento andou _____ metros.

b) No dia seguinte, Mole percorreu 12 metros e Vagaroso um terço da distância percorrida por Mole. Quantos metros Vagaroso percorreu?

_____

6 Resolva as atividades propostas nos adesivos 4 e 5 da Ficha 37.

Vamos jogar?

Trilha da divisão

PARA JOGAR MUITAS VEZES

Material: Tabuleiro D, cartas e marcadores da Ficha 30.

Jogadores: 2 a 4.

Regras:

- Cada jogador deve escolher um marcador.
- As 12 cartas são embaralhadas e colocadas viradas para baixo, formando um monte.
- Os jogadores decidem quem começará a partida.
- Na sua vez, cada jogador pega a carta de cima do monte e anda com seu marcador no tabuleiro o número de casas correspondente ao resultado da divisão indicada na carta. Caso haja instrução na casa em que o marcador parar, o jogador deverá segui-la.
- As cartas com os números 6, 12 e 18 possibilitam a realização de duas divisões: por 2 ou por 3, à escolha do jogador.
- Depois de usada, a carta deve ser colocada ao lado do jogador.
- Ao acabarem as cartas do monte, devem-se juntar as cartas usadas pelos jogadores, embaralhá-las novamente e fazer um novo monte para continuar a partida.
- Vence quem chegar primeiro ao final da trilha.

Veja se entendeu

Juliana e Arthur estão jogando. Juliana está com o marcador azul. Observe a carta que ela tirou e contorne a casa onde ela vai colocar o marcador.

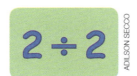

208 duzentos e oito

Depois de jogar

1. Observe a situação do jogo ao lado.

   Cláudia está com seu marcador na casa de número 23.

   Qual é a melhor jogada que Cláudia pode fazer?

   _____

   _____

   _____

2. O marcador de Rodrigo está na casa de número 31. Veja como ele calculou no caderno o resultado da divisão indicada em sua carta.

   O resultado é 5.

   a) Qual é a carta de Rodrigo? _____

   b) A qual casa o marcador dele chegará? _____

3. Se o marcador de um jogador estiver na casa de número 35, que carta o fará avançar 10 casas em uma única jogada? Explique sua resposta.

   _____

   _____

   _____

Compreender problemas

Para resolver

Problema 1

No sítio do vovô João, as galinhas botaram, ao todo, 28 ovos em um só dia. Cada galinha botou 2 ovos. Quantas galinhas há no sítio do vovô João?

No sítio do vovô João, há _____ galinhas.

Problema 2

Em um jogo de basquete, o time de Lucas, Cássio e Adriano marcou 48 pontos, e os três juntos marcaram 36 pontos ao todo. Eles fizeram a mesma quantidade de cestas e todas elas valiam 2 pontos cada uma.

a) Quantos pontos fez cada um dos três jogadores?

_____

b) Cada cesta que eles fizeram valia 2 pontos. Quantas cestas fez cada um dos três jogadores?

_____

Para refletir

1. Qual foi o cálculo necessário para resolver o *Problema 1*?

   _____

2. No *Problema 1*, se as galinhas botassem ao todo os 28 ovos em 2 dias e cada galinha botasse apenas 1 ovo por dia, mudaria a quantidade de galinhas que há no sítio? _____

   • Converse com um colega sobre como cada um pensou para responder a essa questão.

3. No *Problema 2*, existe alguma informação desnecessária para sua resolução?

4. Quais foram os cálculos necessários para resolver o *Problema 2*?

   _____

   _____

5. Um time de basquete tem 5 jogadores em quadra durante um jogo. Considere a ilustração do *Problema 2* e responda.

   a) Quantos jogadores faltavam para completar o time de camiseta verde em quadra? _____

   b) O outro time de basquete marcou 24 pontos, sendo que todas as cestas também valiam dois pontos. Preencha o quadro com uma possibilidade de quantidade de cestas e de pontos para cada jogador.

Jogadores	Cestas	Pontos
Jogador 1	0	0
Jogador 2	1	2
Jogador 3		
Jogador 4		
Jogador 5		

duzentos e onze

Cálculo mental

1 Complete de acordo com a situação apresentada.

a) Em cada mesa há 5 cadeiras.

Quantidade de mesas	1	2		6		10
Quantidade de cadeiras	5		20		40	

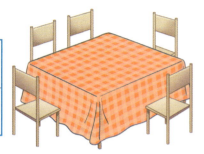

b) Cada pacote tem 250 gramas de café.

Quantidade de pacotes	1		3	
Massa	250 gramas	500 gramas		

2 Joana fará um pudim em cuja receita é pedido 1 litro de leite. Sabendo que a panela que Joana usará tem capacidade para 4 litros de leite, faça uma linha no desenho da panela para marcar de forma aproximada a altura que o leite atingirá quando for colocado nela. Depois pinte a parte da panela que será preenchida com leite.

3 Verifique quantos "saltos" de 10 cabem no intervalo entre 0 e 50 e dê o resultado para a divisão.

Então, 50 ÷ 10 = _____.

4 Dê "saltos" na reta numérica e descubra o resultado das divisões.

a) "Saltos" de 10 para calcular 70 ÷ 10

Então, 70 ÷ 10 = _____.

b) "Saltos" de 10 para calcular 100 ÷ 10

Então, 100 ÷ 10 = _____.

c) "Saltos" de 10 para calcular 20 ÷ 10

Então, 20 ÷ 10 = _____.

5 Utilize a reta numérica para encontrar a resposta das divisões abaixo. Use a ideia de *quantas vezes cabe* e, de forma aproximada, registre os "saltos" dados em cada reta.

a) 30 ÷ 10 = _____

b) 40 ÷ 20 = _____

duzentos e treze **213**

O que você aprendeu

1 Roberto tinha algumas bolinhas de gude. Durante a brincadeira, ganhou 8 bolinhas de gude de Paola e 9 de Juliana. Depois da brincadeira, Roberto ficou com 29 bolinhas de gude. Quantas bolinhas de gude Roberto tinha no início da brincadeira?

_____

2 Em um ônibus, havia 12 passageiros. Na primeira parada entraram outros 5. Na segunda parada, alguns passageiros saíram. Ficaram 14 passageiros no ônibus. Quantos passageiros saíram na segunda parada?

_____

3 Observe a multiplicação representada na reta numérica.

$4 \times 2 = 8$ ▶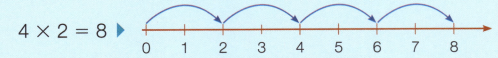

- Agora, complete a reta numérica e calcule.

$3 \times 3 =$ _____ ▶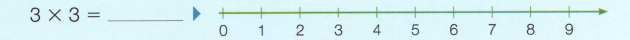

4 Sônia comprou bombons e os distribuiu igualmente entre seus 4 sobrinhos. Não sobrou nenhum bombom, e cada sobrinho recebeu apenas bombons inteiros. Quantos bombons ela pode ter comprado? Marque com um **X** a resposta correta.

☐ 9 bombons.   ☐ 11 bombons.   ☐ 16 bombons.

5 Descubra a regra de cada sequência numérica e complete-as com os números que faltam. Depois, complete as frases.

a) 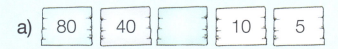 80 | 40 | ___ | 10 | 5

5 é a metade de _____.   20 é o dobro de _____.

b)  1 | 3 | 9 | ___ | 81

1 é um terço de _____.   9 é o triplo de _____.

6 Leia as dicas, observe as balanças e complete as frases.

Dicas
- As balanças estão em equilíbrio.
- As bolas têm massas iguais.
- As caixas têm massas iguais.

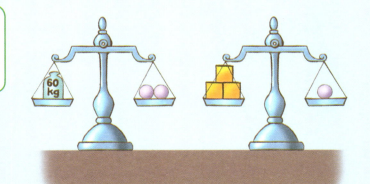

a) Cada bola tem _____ kg.

b) Cada caixa tem _____ kg.

Quebra-cuca

Ricardo tem 5 anos de idade, e sua amiga Cláudia tem 12 anos. Os dois fazem aniversário no mesmo dia.

a) Daqui a quantos anos a idade de Ricardo corresponderá à metade da idade de Cláudia? _____

b) Qual será a idade de Ricardo e de Cláudia quando isso ocorrer?

_____

duzentos e quinze 215

UNIDADE 8
Conhecendo as figuras

Para começar...

Quais figuras geométricas planas ou não planas você identifica nessa cena?

Para refletir...

Observe os objetos abaixo e, depois, responda às questões.

- O que eles têm de parecido?
- O que eles têm de diferente?

Figuras geométricas planas

Retângulo e quadrado

Daniela tem mania de montar e desmontar tudo.

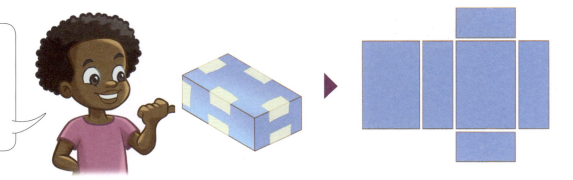

Ao desmontar esse modelo de paralelepípedo, Daniela obteve quantas partes? _____

Cada uma dessas partes lembra uma figura geométrica chamada **retângulo**.

Retângulo

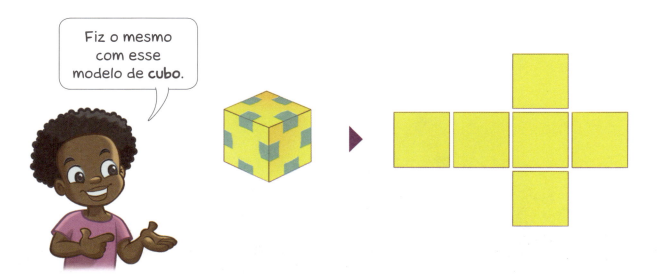

Ao desmontar o modelo de cubo, Daniela obteve quantas partes? _____

Cada uma dessas partes lembra uma figura geométrica chamada **quadrado**.

Quadrado

Atividades

1) Observe os objetos em sua classe e seu material escolar para responder.
Você vê algo que se pareça com um retângulo?
E com um quadrado? O quê?

_____

_____

2) Observe a embalagem e faça o que se pede.

a) Quais das partes abaixo são necessárias para montar uma embalagem como a ao lado? Pinte-as.

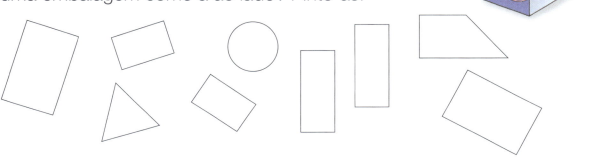

b) As partes que você pintou representam qual figura geométrica? _____

3) Observe a ilustração e faça o que se pede.
As crianças estão observando uma caixa que lembra um cubo.

a) Pinte a caixa de acordo com a cor que cada criança vê.
b) A parte da caixa que cada criança vê lembra qual figura geométrica?

_____

Triângulo

Veja o que Carlos fez e, depois, responda à questão.

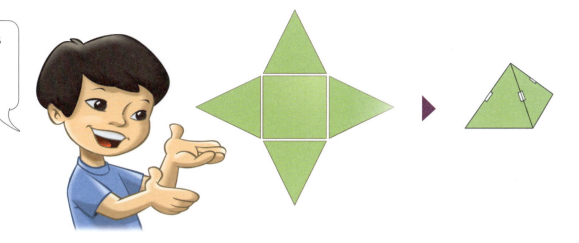

*Usei estas peças para montar o modelo de uma **pirâmide**.*

Quantas peças Carlos usou para montar esse modelo de pirâmide? _____

No modelo de pirâmide foram usadas: _____ peça que lembra o quadrado e _____ peças que lembram uma figura geométrica chamada **triângulo**.

Triângulo

Atividades

Atividade interativa
As figuras geométricas no dia a dia

1 Em cada caso, contorne a figura que não pertence ao grupo.

a)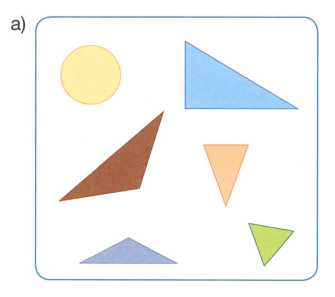

b)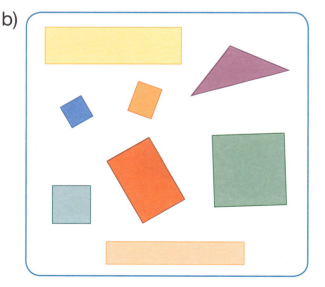

2 Faça o que diz cada criança.

- Agora, compare seu desenho com o de um colega. Eles são iguais?

3 Algumas pessoas estão observando uma pirâmide. Ligue o nome de cada pessoa ao que ela vê da pirâmide.

Agora, responda às questões.

a) A visão que Francisco e Camila têm da pirâmide lembra qual figura geométrica plana? _____

b) E a visão que Pedro tem da pirâmide lembra qual figura geométrica plana?

_____

O círculo e a esfera

Laís fez um trabalho usando modelos de figuras geométricas, cartolina e tinta guache.

Pintei com tinta guache uma das partes do modelo de cone. Depois, usando esta parte pintada, carimbei figuras em uma cartolina.

Em seguida, fiz o mesmo com o modelo de cilindro, usando uma cor diferente.

Criei um bonito trabalho!

a) Quantas figuras carimbadas apareceram no trabalho de Laís?

_____

b) Essas figuras carimbadas lembram qual figura geométrica plana?

_____

Atividades

1 Observe as cenas e, depois, responda à questão.

- Ao girar o palito que está fixado ao pirulito, que lembra um círculo, a menina obtém uma imagem que lembra qual figura geométrica não plana?

  _____

2 Marque com **C** o desenho que lembra um círculo, com **R** o desenho que lembra um retângulo e com **T** o desenho que lembra um triângulo.

Os objetos nesta página não foram apresentados em escala de tamanho.

3 Pinte com 🖍️ para formar as figuras geométricas que representam círculos, com 🖍️ as que representam quadrados e com 🖍️ as que representam triângulos.

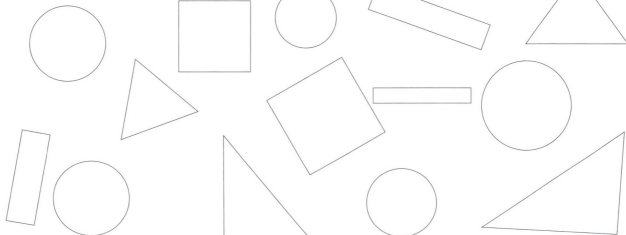

duzentos e vinte e três 223

Para resolver

O *Tangram* é um quebra-cabeça que contém 7 peças. Com essas peças, podemos formar muitas figuras, mas para montá-las precisamos ficar atentos a duas regras:

Use o *Tangram* da Ficha 31 para resolver estes problemas.

Problema 1

Monte estas figuras com seu *Tangram*.

a)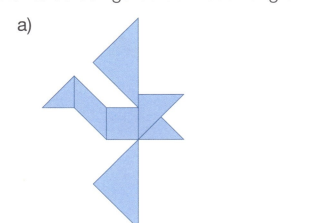

b)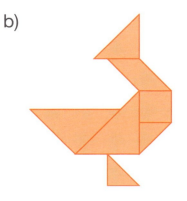

Problema 2

a) Construa um quadrado com 2 peças do *Tangram*.

b) Agora, construa um triângulo com 2 peças do *Tangram*.

Para refletir

1 Sandra e Ademir não acertaram a montagem da figura do item **a** do *Problema 1*.

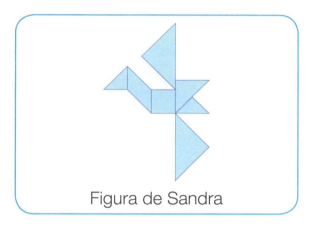
Figura de Sandra

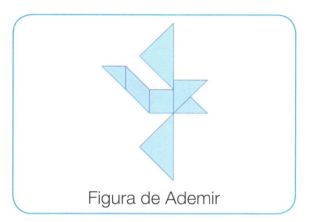
Figura de Ademir

- Descubra qual foi o erro de cada um.

2 Veja o que Betina descobriu ao resolver o *Problema 2*.

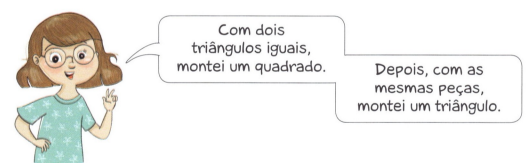

Com dois triângulos iguais, montei um quadrado.

Depois, com as mesmas peças, montei um triângulo.

- Converse com um colega sobre se o que Betina descobriu está certo ou não.

3 Leia o que Camila está dizendo e faça o que se pede.

Consegui montar um quadrado com três peças do *Tangram*. Duas delas são os triângulos menores.

- Assim como Camila fez, monte um quadrado com 3 peças de seu *Tangram*.

duzentos e vinte e cinco

TEMA 2 — Comparações

Reconhecimento de figuras geométricas planas

Observe a representação de alguns quadrados e faça o que se pede.

a) Qual das figuras geométricas citadas abaixo tem mais características em comum com um quadrado? Marque-a com um **X**.

☐ Retângulo ☐ Triângulo ☐ Círculo

b) Explique a um colega como você pensou para responder ao item anterior.

Atividades

1. Na aula de Arte, a professora pediu a cada aluno que representasse com desenhos duas figuras geométricas planas parecidas.

Observe as figuras representadas por Leandro e Vânia.

Leandro     Vânia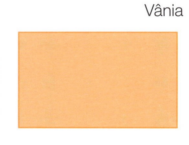

a) Quem representou corretamente figuras geométricas planas parecidas: Leandro ou Vânia? _____

b) Cite uma diferença entre as figuras geométricas planas representadas pela criança que não atendeu ao pedido da professora.

_____
_____
_____

2 Em cada caso, escolha duas peças triangulares que, juntas, formam a figura em destaque e contorne-as.

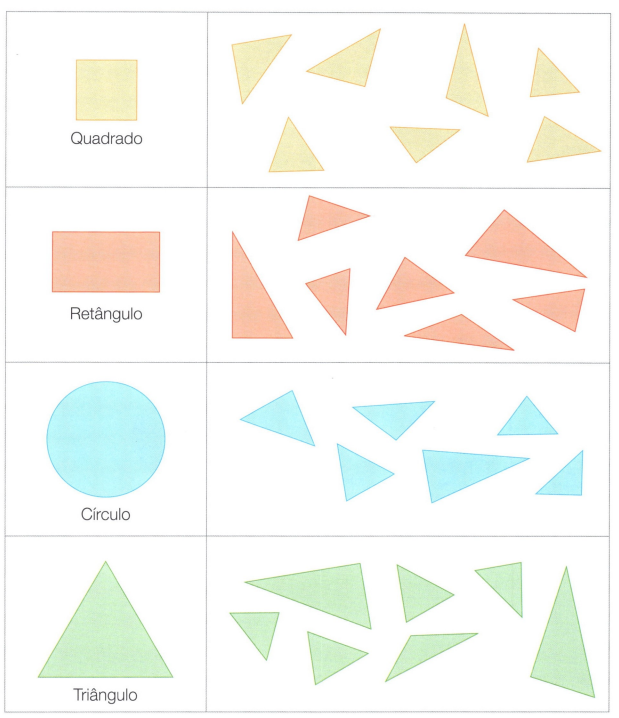

a) Das quatro figuras em destaque, qual não pode ser formada juntando duas peças triangulares? _____

b) Por que não é possível formar essa figura juntando duas peças triangulares?

duzentos e vinte e sete **227**

Vamos jogar?

De olho na figura

📋 **Material**: Tabuleiro E, cartas e marcadores (3 para cada jogador) da Ficha 32 e 1 saco não transparente para guardar e sortear as cartas.

👥 **Jogadores**: 3 ou 4.

Regras:

❖ Os jogadores decidem quem começará o jogo.

❖ As 30 cartas com figuras são misturadas dentro do saco, e o primeiro a jogar retira uma delas sem deixar que os outros a vejam. Os outros jogadores têm de descobrir a figura dessa carta. Para isso, cada um, na sua vez, faz uma pergunta sobre as características da figura, sem falar o nome dela. Por exemplo:

❖ A cada pergunta respondida, o jogador que quiser poderá apostar, no tabuleiro, posicionando um marcador na figura que julgar correta. Atenção: dois jogadores não podem apostar na mesma figura.

❖ Quem acertar a figura fica com todos os marcadores das apostas. Se ninguém acertar, quem sorteou a carta responde a novas perguntas, e os outros mudam suas apostas até que alguém acerte.

❖ A carta da figura é, então, deixada de lado, e o jogador à direita daquele que acabou de sortear uma carta sorteia outra.

❖ O jogo termina quando não houver mais marcadores para apostar ou cartas para retirar do saco.

❖ O jogador que ficar com mais marcadores no fim do jogo é o vencedor.

Depois de jogar

1 Lina, Fausto, Marisa e César estavam jogando. Marisa foi a primeira a retirar uma carta.

Veja abaixo as apostas que eles fizeram.

aposta de Lina
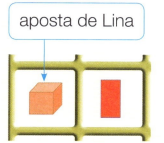

aposta de César
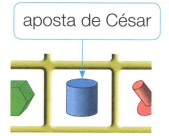

aposta de Fausto

- Agora, reúna-se com um colega e, juntos, respondam às questões a seguir.

   a) Quem pode ter acertado a figura sorteada? _____

   b) Com certeza, quem não acertou a figura sorteada? _____

2 Em cada caso, marque com um **X** a figura "intrometida".

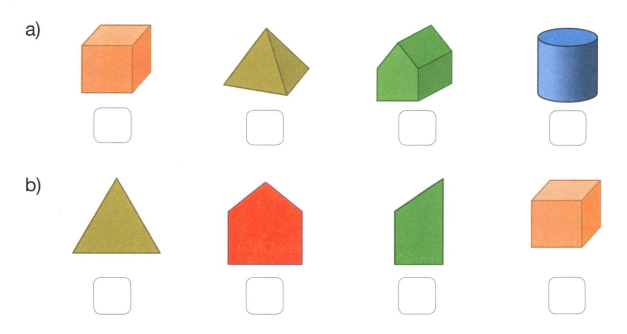

- Agora, justifique suas respostas descrevendo as figuras "intrometidas".

duzentos e vinte e nove **229**

Matemática em textos

 Leia

Papagaio, pipa, pandorga, jamanta, maranhão...

Papagaio, pipa, pandorga, jamanta, maranhão são exemplos de como esse brinquedo é conhecido no Brasil.

Observe alguns papagaios no ar.

Festival de pipas, na Austrália, em 2016.

O nome pode variar, mas a diversão fica garantida desde o momento de sua produção com varetas de madeira, linha, papel fininho colorido e cola, até vê-lo colorindo o céu!

Porém, é preciso ficar atento e evitar riscos de acidentes ao empinar uma pipa. Veja algumas dicas:

- Não solte pipas perto de fios ou antenas para evitar choques elétricos.
- Procure locais abertos, como parques, praças ou campos de futebol.
- Não solte pipa em lajes ou telhados, para evitar quedas.
- Olhe bem onde pisa, especialmente quando andar para trás, para não cair.

Responda

1 Quais são os exemplos de como o brinquedo considerado na página anterior é conhecido no Brasil?

_____
_____
_____

2 Quais são os materiais necessários para fazer uma pipa?

_____
_____
_____

3 Por que não devemos soltar pipas perto de fios ou antenas?

_____
_____

Analise

Muitas pipas lembram figuras geométricas planas. Qual é a figura geométrica plana que normalmente é a mais representada nas pipas?

_____

Aplique

Que tal fazer algumas pipas que representem figuras geométricas planas para decorar a sala de aula? Combine com os colegas e o professor, providenciem os materiais e mãos à obra!

- Quais figuras planas estão representadas nas pipas que vocês fizeram?

_____
_____

Compreender informações

Representar e interpretar dados em tabelas e gráficos

1 Observe a tabela com o valor aproximado pago por algumas empresas pelo quilograma de material para reciclagem em Guarapari, no estado do Espírito Santo, em dezembro de 2016.

Preço do quilograma de material para reciclagem

Papelão	Plástico rígido	Lata de alumínio	Plástico PET	Caixa de leite
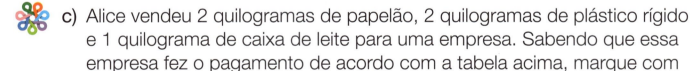				

Dados obtidos em: <http://mod.lk/recicle>. Acesso em: 30 jun. 2018.

a) Em Guarapari, o preço do quilograma _____ é maior que o de qualquer outro material para reciclagem, e o material para reciclagem mais barato é _____.

b) Qual o preço do quilograma de plástico PET? _____

c) Alice vendeu 2 quilogramas de papelão, 2 quilogramas de plástico rígido e 1 quilograma de caixa de leite para uma empresa. Sabendo que essa empresa fez o pagamento de acordo com a tabela acima, marque com um **X** o valor recebido por Alice.

- mais de 1 real ☐
- 1 real ☐
- menos de 1 real ☐

> Você conhece alguma pessoa que vende material para reciclagem? Tem ideia da quantia que ela arrecada mensalmente? O que é possível comprar com o valor recebido por Alice?

2 Com a orientação do professor, registre na lousa o mês de seu aniversário. Depois que todos os alunos fizerem o registro, complete a tabela abaixo.

- Complete o gráfico de acordo com a tabela que você preencheu.

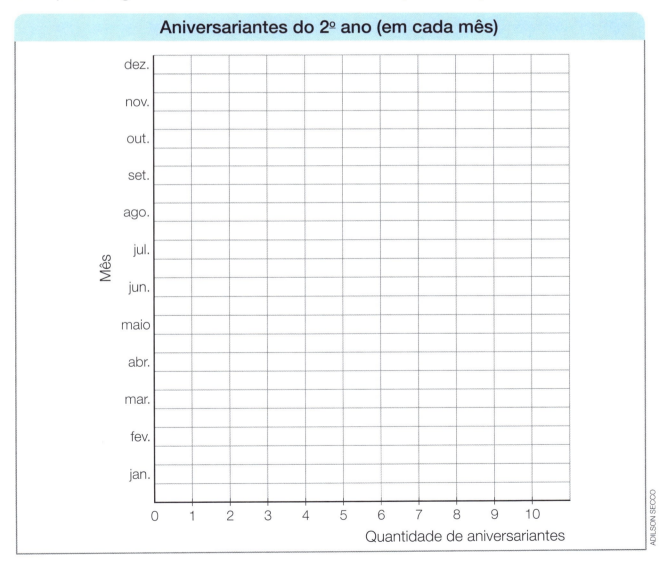

Pratique mais

1 Aline estava brincando com blocos de montar, e Jairo fez um desenho da construção de Aline.

a) Os blocos de Aline lembram figuras geométricas não planas. Você sabe o nome de cada uma delas? Escreva abaixo.

_____

_____

b) As figuras do desenho de Jairo lembram figuras geométricas planas. Quais são essas figuras?

_____

_____

2 Faça um desenho bem colorido. Nele devem aparecer quadrados, retângulos, triângulos, círculos e outras figuras.

3 A professora de Luís distribuiu algumas embalagens para que os alunos as observassem de cima e desenhassem a visão que tinham delas.

Primeiro Luís observou a embalagem assim.

Depois desenhou como ele viu a embalagem.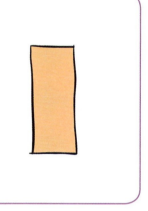

a) O desenho de Luís lembra qual figura geométrica? _____

Como Luís é curioso, mudou a posição da embalagem e a observou novamente.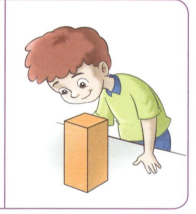

Então, fez um novo desenho de como ele viu a embalagem.

b) O novo desenho de Luís lembra qual figura geométrica? _____

4 Observe as figuras geométricas e responda às questões.

a) O que estas figuras têm em comum?

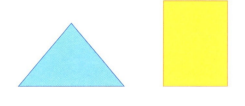

_____
_____

b) O que estas figuras têm de diferente?

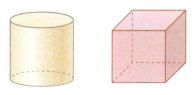

_____
_____

duzentos e trinta e cinco **235**

5 Veja alguns carimbos que Clóvis fez e responda.

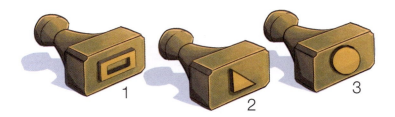

a) Qual carimbo Clóvis deve escolher para conseguir obter uma figura que represente um círculo? _____

b) Para obter uma figura que represente um quadrado, Clóvis precisa usar um dos carimbos duas vezes, carimbando uma figura ao lado da outra. Qual carimbo ele deve escolher para isso?

_____

6 Usando o *Tangram,* podemos representar algumas figuras planas, por exemplo, o quadrado.

a) Das figuras planas estudadas nesta Unidade, qual delas não é possível representar usando as 7 peças do *Tangram*?

_____

b) E quais podem ser representadas?

_____

c) Agora, com todas as peças do seu *Tangram* usado nas páginas 224 e 225, monte as representações de um retângulo e um triângulo e depois as desenhe no quadro abaixo.

Cálculo mental

1 Escreva os números a seguir nos espaços abaixo de cada trilha à qual eles pertencem.

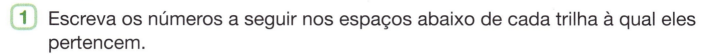

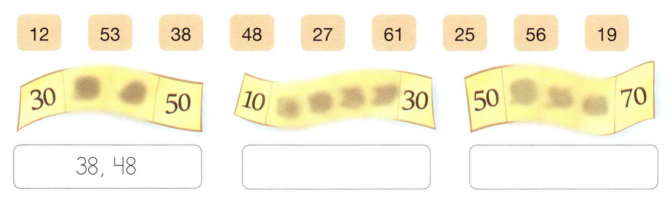

38, 48

2 Dê "saltos" partindo do 0 até chegar ao 29.

- Agora, compartilhe sua estratégia com um colega. Vocês pensaram da mesma forma?

3 Os funcionários de uma fábrica vão ao trabalho de formas diferentes: a pé, de bicicleta, de carro ou de ônibus. Observe o gráfico e escreva quantos funcionários utilizam cada um dos meios de locomoção.

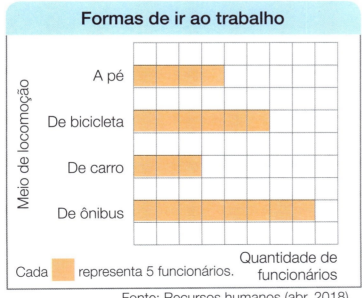

Fonte: Recursos humanos (abr. 2018).

duzentos e trinta e sete **237**

1 Observe os quadros feitos por Angélica e Silvano.

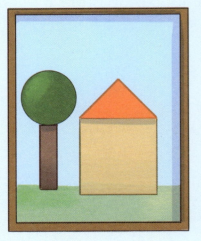

Quadro de Angélica

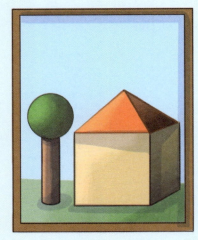

Quadro de Silvano

a) O que os dois quadros têm em comum?

_____

_____

b) Cite uma diferença entre os quadros de Angélica e de Silvano.

_____

_____

2 Abaixo, foram representadas algumas figuras não planas.

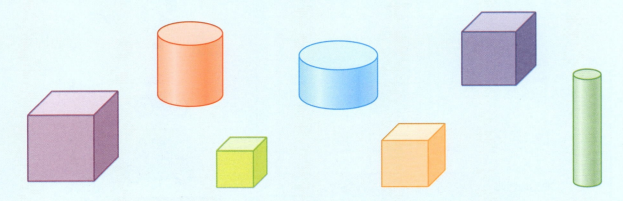

- Quais figuras geométricas não planas estão representadas acima?

_____

3 Marque com um **X** todas as figuras que são necessárias para montar o modelo de pirâmide ao lado.

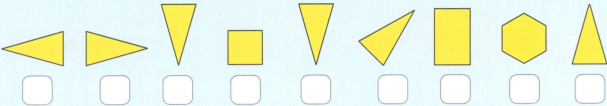

4 Ligue a figura geométrica à frase certa.

Se alguém olhar de frente, de lado ou de cima, verá um quadrado.

Se alguém olhar de cima, verá um círculo.

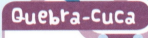

Taís e Glória observam uma pilha de caixas. Desenhe nas malhas abaixo como cada uma vê a pilha de caixas.

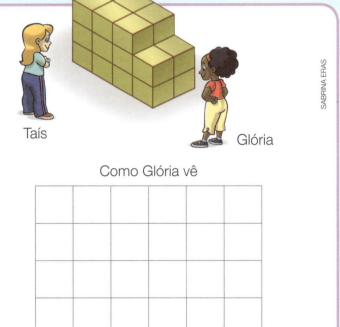

Taís

Glória

Como Taís vê

Como Glória vê

duzentos e trinta e nove **239**